A Greek and His Poetry

A Legacy of Poems
By Our Immigrant Father

Constantine Michael Xeros

iUniverse, Inc.
Bloomington

A Greek and His Poetry
A Legacy of Poems By Our Immigrant Father

iUniverse books may be ordered through booksellers or by contacting:

iUniverse
1663 Liberty Drive
Bloomington, IN 47403
www.iuniverse.com
1-800-Authors (1-800-288-4677)

ISBN: 978-1-4620-0236-8 (sc)
ISBN: 978-1-4620-0939-8 (e)

Printed in the United States of America

iUniverse rev. date: 9/7/2011

Contents

Our Parents

The Newly Weds—1925—Greece
Peter John Xeros
(Panagiotis Ioannis Ksirokostas)
July 20, 1889—January 11, 1980

Helen Rousos Xeros
(Eleni Rousou Ksirokostas)
June 2, 1901—August 20, 1960

The Poet
Peter John Xeros
(Panagiotis Ioannis Ksirokostass)

In His Geratia

Peter John Xeros
(Panagiotis Ioannis Ksirokostas)

Acknowledgements

Peter John Xeros, our father, in the Greek as Panagiotis Ioannis Ksirokostas, was an immigrant Greek of Karnasion, Messinia, Greece. Born July20, 1889 and dying January 11, 1980. He first came to America in 1910 in that wave of souls of those times immigrating to America seeking a better life sometimes forsaking family and friends forever. Only in America...our father found that better life. We, his offspring are the subsequent joyous testimonial to our good fortune that our father came to America. He often reminded us that our good fortune was being Greek in heritage, but being very American as our mother country. He was very Greek but also very red, white and blue.

I am the oldest son Constantine, followed by other male siblings, Chris and Basil, and sister Effie. Middle names are all the applicable Greek gender form of Peter, as Panagioti or Panagiota. This is consistent with the Greek custom for middle names being the first name of the father...except. In my case the godfather insistently prevailed at the christening with Michael, his father. I carry Michael for the English version, but remains Peter (Panagioti) in the Greek.

This work of poems in the Greek is one of my most vivid memory of our father and his obsession with poetry and the finer points of learning. It is a tribute to what he was and what he could have been. He was one of those souls who just did not know he had limitations imposed on him by the stroke of unfortunate events in his early life. As an immigrant to America, he as many others, had to reinvent their lives to be accepted, survive, and succeed, while keeping the symbolic umbilical cord connected to their mother country. His poems reflect yearning for Mother Greece while simultaneously being ever grateful for being an American.

Forward

This collection of poems in the Greek language by our immigrant Greek father, Peter John Xeros, are a testament to the emotions of the human spirit in a variety of circumstances that are expressed in the pathos of the poetic medium. His poems also display the influence of one's ethnicity on the various poem subjects and the associated emotions in their expression. Greeks especially, can be very emotionally involved with their poetry, maybe having something to do with their ancient predecessors. Only maybe.

It is my belief that poets of any stripe are vulnerable souls that are able to uniquely and innately express what non poets cannot fathom. I admire and envy this ability to communicate at a level so exasperating that I sometimes know I am missing the soul felt message. I regret that. It is because I am not a poet

His poetry is a strong testimonial to his apparent obsession to surmount his educational limitations, having only completed the equivalent of grade school in his native Greece. I remember him as a gregarious reader. Reading the daily newspaper is how he taught himself English and the use of English. He coveted learning and education.

Many of his poems are difficult to translate because of my unfamiliarity with the vernacular and word invention he uses as is the privilege of a poet. To make it all fit and come out as a legitimate poem.

Constantine Michael Xeros
May 2002

Our Father And His Poetry

It is much said that people of the arts are basically romantics. People of poetry surely are. In my limited experience, I can declare that poets are born, not made. Never, as far as I can tell. One does not learn how to write poetry. Writing poetry, high brow, low brow, good or bad, is an innate talent possessed by those who come by it so easily. They say eloquently or otherwise, what the rest of us would like to say. They say it so well, so easily, and correctly, we often feel we could have written the piece in a reverse process. Once we have seen it of course. Very much like hearing the answer and reacting with "oh I knew that". Our father, Peter John Xeros, of grade school education, was one of those poets. A real poet, not monumental but nevertheless a poet.

I feel that this collection of poems is not all of his production. I came by these poems when going through a quantity of collected papers and memorabilia left behind when our father died at the great age of ninety-one. Lucid to the very end with one or two of his works created in the very twilight of his life. None of these were found as an organized, orderly collection. This leads me to believe that there was more of his poetry, simply lost or accidentally discarded. Our father was not the neatest keeper of papers and records.

Our father wrote or typed his works on all manner of paper stock, be it stationery, letter heads, onionskin, cards, cover stock, whatever was at hand at that moment of inspiration. In several cases only carbon copies remain as the only record of some poems. Xerography, now known as Xerox, had not become the broadly available reproduction system it is now. One can only speculate on what happened to the top or original copy. I suspect that the originals were sent to another poet friend or the person being the inspiration for the poem.

I am unable to establish exactly when our father first wrote anything. I can only judge by his subject references and the mood of the poem. My feeling is that he did it fairly early on is based on the finding of other materials in the large amount of his other writings on other subjects. Another indicator is the obvious fact that almost all of his production is reduced to being typewritten on a manual portable Greek typewriter, on which he learned to "hunt and peck" rather well. Typing Greek is quite difficult, what with the complex grammar involving accents and tildes that required backspacing for every word to place them over the correct vowel. In this context there surely had to have been preceding hand written versions of some of these poems. This Greek typewriter still exists, in working order, in the possession of my youngest male sibling, Basil. It had been made as a special order by the Remington Rand Company through a customer of my father who was the regional manager. I recall when it arrived at the store, being delivered by the manager customer. This must have been in the middle nineteen thirties. The event became a cultural milestone in our Greek parish, with many a subsequent parish document being typed on this machine. Did you hear? Peter Xeros has a Greek typewriter. The conclusion then is that his poetry, as a formal record, began before those middle thirties. It is highly probable that some of the works were handwritten to begin with, and then typed in final form with the acquisition of that Greek typewriter. The handwritten ones then discarded. As I have thought of this sequence, it would have been even more nostalgic to have found some of his early handwritten manuscripts.

Typical of writers and poets, a poem will go through several forms before being "finalized". It is the hallmark of writers and poets that they simply just do not know when to quit, stop, finish, no more. One sees this in many of our father's poems. Sometimes several versions exist of the same poem.

As with all artists, poets, writers in general, their works often reflect the various periods of their lives. This is obvious in our father's poetry. His early pieces are nostalgia for Mother and mother country. Then later, in the comfort and security of his adopted country, more serious subject matter, more philosophical in nature. There are also the occasional humorous ones where poetic license is exercised. Poets are notorious for inventing language. I think a few of his better poems are the humorous ones, usually about himself or friends.

When our mother Helen died in 1960, his subsequent poetry reflects all of that sadness in two or three poems. They had been married thirty-five years. He outlived our mother by twenty years, even though he was her senior by twelve years.

In the context of his friendship with fellow parishioners, Stephan Harrisis and George Bernelis, he wrote a satirical about each of them, one posthumously. Some of the lines and their meaning would only be understood by that circle of friends in their incessant friendly cajoling of each other when in each others company.

I have often wondered how he learned the rhythm, order, and syntax of poetry writing. I wondered how he learned the invention of phrases and expressions, goofy words, not found in the formal Greek dictionary, but nevertheless legitimate in the world of poets, in any language.

There were two other poets in our Greek parish. One was Victor Semos, originally from the town of Nafpactos, on the north shore of the Gulf of Corinth. The other was George Christon, originally from the town of Kiato on the southern shore of the Gulf of Corinth, near the city of Corinth. George Christon was also my sister Effie's godfather which made him and my father a koumbario, that special relationship between Greeks when they christen each other's children or are best men or maid of honor at their weddings. Although somewhat of a poet, George Christon was actually more into plays. A couple of writings, one a western musical, in Greek no less, were performed by the youth groups of our parish. Victor Semos was strictly a poet, self publishing his collection in hard back form, titled "Dreams and Memories" (Onira ke Anamnisis). A mark of recognition and appreciation for his poetry was his gift of a copy of his published poems to certain people patronizing his restaurant, The Torch Restaurant, in the Oak Cliff section of Dallas. This was considered special acceptance by Victor Semos, given that he was the consummate, generous host for anyone coming to The Torch Restaurant. Victor Semos loved giving special private dinner parties for friends. His wedding present to Katy and I was an elegant eight course private dinner party for us and our family.

Our father was the last to die (1980) of this unofficial dead poets society. George Christon had died in 1979. It was remarked at our father's post funeral makaria (reception) that the three were somewhere up there in that heavenly coffee shop, the Greek Kafenion, composing and reading their poetry to each other. In subtle competition of course

The other frustrations with the poetry our father left behind, is that most of them are not dated. Those that are dated only add to the consternation of which version preceded which. Any poems that are dated do provide at least a time frame of sorts for some of the other undated works.

His sign off on some of the poems varies between his Greek initials in capitals, and a ditty that in four lines provides a self appraisal of the composer, a kind of "who I am". His initials in Greek capitals are the equivalent of P.J.X., Peter John Xeros. If it were the ditty sign off, it translates literally as:

> P and X they call me
> That means crackerjack
> For sleeping and laziness
> Each of you know me

This collection of poems is arranged in an assumed chronological order based on the poem subject denoting the emotions of some event or a nostalgia that inspired him to seize any paper at hand, and compose. In some cases, the final version of a poem occurred much later as a redo or refinement of the poem originally written years before.

Our father must have been doing this poetry thing or at least rhyming ditties from early on, not committing anything to writing, all extemporaneous. Friends of our father whom my siblings met in Greece, recall how at his wedding in 1925, he was extemporaneously throwing off one liners and ditties. So the poetry thing was always there waiting to be taken beyond the ditty stage.

This legacy of poems left by our father is emblematic of his admiration for cerebral thought and his desire to further himself beyond the limitations of his limited education. His force of will to advance his level of enlightenment is revealed in this collection of once upon a time there was a Greek immigrant and his love of poetry.

ON THE POEM

In The Greek:
YIA TIN MITERA

In The English:
FOR MOTHER

Commentary:

This poem is a sort of belated tribute to motherhood in general although specifically inspired by his feelings for his mother, who was beset very early on with the loss of her husband, having to go it alone with three small children, He tries to capture the instincts of the mother for survival and then the acknowledgement of her motherly virtues and his appreciation thereof.

Since he knew very little of his father, he had a strong attachment transference to his grandfather. The only male influence at that time was his grandfather on his mother's side, with whom he was very close. This close and warm relationship with the grandfather obviously influenced his early years until the grandfather died.

As can be seen there are several versions of this poem. Subsequent versions following the apparent original vary only in details of form and minor revisions to the text. It appears that from original to last version, several years were involved. Version 1A is merely a copy of Version 1.

""Γιά τήν Μητέρα.""

Τόν κύνδινο δέν ἀμψυφή
μπροστά εἰς τό παιδί της
χωρίς νά λάβη ὑπ'ὄψιν της
νά δώση τήν ζωήν της

———

Ποτές τής δέν λογάρια σε
τήν μητρική της θέση
καί στήν φωτιά ἄν ἠμπορή
ἔτοιμη γιά νά πέση

———

'Επάνω στήν ἀρρώστεια του
καί στο μικρό κρεβάτι
πολλές νυχτιές ξενύχτισε
χωρίς νά κλείση μάτι

———

Στήν φτώχεια δέν ἐδείλιασε
ὅσον κι'ἄν ἦτο πτώμα
στό παιδί της ἔδωσε,...λίγο ψωμί'
ἀπ'τό δικό της στώμα

———

Μέ αὐταπάρνηση τήν συντροφιά
νά τέρπη τήν ψυχήν της
τήν εὐτυχία καί χαρά
νά δώση στό παιδί της

———

Τό μέτρο εἶναι δυνατόν
τήν Γη γιά νά μετρίση
τό βάθος του Ωκεανού
κι'αὐτό νά τό γνωρίση

———

Τῆς πήγες ὅλες τό πανύ
στον κόσμο που ζέμούμε
χωρίς νά ἀμφιβάλουμε,
κι'αὐταις μπορή νά ξεύρουμε

———

Τοῦ φεγγαριοῦ τό διάστιμα
του μακρινου πλανίτη
κι'ἐκει ἀκόμη φθάσαμε -ό
τόν μέτρο δέν μας λύπη

———

Τῆς ΜΑΝΑΣ τήν ὑπομονή
που λαχταρά κάθε στιγμή
τήν ἄπειρο ἀγάπη της
καί θερμή στοργή της
γιά τό παιδί που'γένεισε
καί θύλασε νά ζήση
Μέτρο...δέν εὑρίσκετε
αὐτά γιά νά μετρίση..   Π.Ι.Η.

""Γιά τήν Μητέρα.""

Τόν κύνδινο δέν ἀμψιφῆ
Μπροστά εἰς τό παιδίτης
χωρίς νά λάβη ὑπ'ὄψιν της
νά δώση τήν ζωήν της

Ποτές τῆς δέν λογάργια σε
τήν μητρική της θέση
καί στήν φωτιά ἄν ἠμπορῆ
ἔτοιμη γιά νά πέση

'Επάνω στήν ἀρρώστεια του
καί στο μικρό κρεβάτι
πολλές νυχτιές ξενύχτισε
χωρίς νά κλείση μάτι

Στήν φτώχεια δέν ξεδείλιασε
ὅσον κι'ἄν ἠτο πτῶμα
στό παιδί της ἔδωσε,...λίγο ψωμί'
ἀπ'τό δικό της στόμα

Μέ αὐταπάρνηση τήν συντροφιά
νά τέρπη τήν ψυχήν της
τήν εὐτυχία καί χαρά
νά δώση στό παιδί της

Τό μέτρο εἶναι δυνατόν
τήν Γῆ γιά νά μετρίση
τό βάθος του Ὠκεανου
κι'αὐτό νά τό γνωρίση

Τῆς πηγες ὅλες τό πανύ
στόν κόσμο που τρέφόνουμε
χωρίς νά ἀμφιβάλουμε,
κι'αὐταις μπορή νά ξεύρουμε

Τοῦ φεγγαριοῦ τό διάστιμα
του μακρινου πλανίτη
κι'ἔχει ἀκόμη φθάσαμε τό
τόν μέτρο δέν μας λύπη

Τῆς ΜΑΝΑΣ τήν ὑπομονή
που λαχταρά κάθε στιγμή
τήν ἄπειρο ἀγάπη της
καί θερμή στοργή της
γιά τό παιδί που γένεισε
καί θύλασε νά ζήση
Μέτρο...δέν εὐρίσκετε
αὐτά γιά νά μετρίση..   Π.Ι.Ξ.

3

""Γιά τήν μητέρα""

Τόν κύνδινο δέν ἀψυφᾶ
μπροστά εἰς τό παιδίτης
χωρίς νά λάβη ὑπ'ὄψιν της
νά δώση τήν ζωήν της

Ποτές της δέν λογάργιασε
τήν μητρική της θέση
καί στή φωτιά ἄν ἠμπορῆ
ἕτοιμη γιά νά πέση

Ἐπάνω στήν ἀρώστεια του
καί στό μικρό κρεβάτη
πολλές νυχτιές ξεγύχτισε
χωρίς νά κλείση μάτι

Τήν πτώχεια δέν δέν ἐδείλιασε
ὅσον κι'ἄν ἦτο πτῶμα
στό παιδί της ἔδωσε,—λίγο ψωμί,
ἀπ'τό δικότης στόμα

Μέ αὐταπάργιση κι'ἄσσυντροφιά
νά τέρπη τήν ψυχήν της
τήν εὐτυχία καί χαρά
νά δώση στό παιδί της

Τό μέτρο εἶναι δυνατόν
τήν Γῆ γιά νά μετρήση
τό βάθος του ὠκεανού
κι'αὐτό νά τό γνωρίση

Τῆς πῆχες ὅλες τό πανύ
στόν κόσμο που ὑφένουμε
χωρίς νά ἀμφιβάλουμε
κι'αὐταις μπορῆ νά ξεύρουμε

Τοῦ Φεγγαργιοῦ τό διάστιμα
του μακρινού πλανίτη
κι'ἔχει ἀκόμη φθάσαμε
τό μέτρο δέν μας λύπη

Τῆς ΜΑΝΑΣ τήν ὑπομονή
που λαχταρά καθε στιγμή
τήν ἄπειρο ἀγάπη της
καί τήν θερμή στοργή της
γιά τό παιδί που γένεισε
καί θύλασε νά ζήση
ΜΕΤΡΟ---δέν εὑρίσκετε
αὐτά γιά νά μετρήση

" <u>Γιᾶ τήν Μητέρα</u> "

Τόν κύνδιγο δέν ἀψηρή
μπροστα εἰς τό παιδί της
χωρίς νά λάβ ὑπόψιν της
νά δώση τήν ζωήν της

Ποτές της δέν λογάριασε
τήν μητρική της θέση
καί στήν φωτιά ἄν ἡμπορή
ἔτοιμη για νά πέση

Ἐπάνω στήν ἀράστεια του
καί στό μικρο κρεβάτη
πολλές νυχτιές ξεγύχτησε
χωρίς νά κλείση μάτι

Στήν φτώχεια δέν ἐδείλιασε
ὅσον κ ἄν ἦτο πτωμα
στό παιδι της ἔδωσε,....λίγο ψωμί
ἀπ το δικότης στωμα.

Μέ αὐτα-πάρνηση τήν συντροφιά
νά τερπη τήν ψυχή της
τήν εὐτυχία καί χαρα
νά δώση στό παιδί της

Τό μέτρο εἶναι δυνατόν
τήν γῆ για νά μετρίση
τό βάθος του ὠκεανου
κ αὐτό νά τό γνωρίση

Τῆς πῆγες ὅλες τό πανή
στόν κόσμο που ὑφένουμε
χωρίς νά ἀμφιβαλουμε
κ αὐτό μπορή νά ξεύρουλε

Του Φεγγαργιου τό διάστιμα
του μαχρινου πλαγίτη
καί χει ἀκόμη φθάσαμε
τό μετρο δεν μας λήπη.

Τῆς ΜΑΝΑΣ ὅμως....τήνὑπομονή
που λαχταρα καθε στιγμή,
τήν ἄπειρο ἀγάπη της
καί θερμη στοργη της
για τό παιδι που γένεισε
καί θύλασε νά ζήση,

ΜΕΤΡΟ, δέν εὑρίσχετε,
αὐτά για νά μετρίση.

Π.Ι.Σ.

FOR MOTHER   Version 3

Γιὰ τὴν Μητέρα

Τόν κίνδυνο δέν ἀψιφῇ
μπροστα εἰς το παιδί της
χωρίς νά λαβ'ὑπ'ὄψιν της
νά δώση τήν ζωήν της

Ποτές της δέν λογάρχια σε
τήν Μητρική της θέση
καί στήν φωτια ἄν ἠμπορῇ
ἔτοιμη για νά πέση

Στήν φτώχεια δέν ἐδείλια σε
ὅσον κ'ἄν ἦτο πτωμα
στό παιδί της ἔδωσε,λίγο ψωμί
ἀπ'τό δικότης στωμα

Μέ αὐτα-πάρνιση,γιᾶ συντροφιᾶ
νά τέρπη τήν ψυχή της
τήν εὐτυχία καί χαρα
νά δώση στό παιδί της

Τό μέτρο εἶναι δυνατόν
τήν γη για νά μετρίση
τό βάθος του Ὡκεανου
κ'αὐτό νά το γνωρίση

Τῆς πήχες ὅλες τό πανί
στόν κόσμο που ὑφαίνουμε
χωρίς ν'ἀμφιβάλλουμε
κ'αὐτό μπορη νά ξεύρουμε

Του φεγγαρχιοῦ τό διάστιμα
του μακρινγου πλανίτη
κ'ἔχει ἀκόμη φθάσαμε
τό μέτρο δέν μας λήπη

Τῆς Μάνας τήν ὑπομονή
που λαχταρα κάθε στιγμή
τήν ἄπειρο ἀγάπη της
καί τήν θερμη στοργή της

Γιᾶ τό παιδί που γέννησε
καί θύλασε νά ζήση
ΜΕΤΡΟ δέν εὑρίσκετε
αὐτά για νά μετρίση.

Π.Ι.Ξ.
DALLAS TEX

Γιά τήν Μητέρα

Τόν κίνδυνο δέν ἀψιφεῖ
μπροστα εἰς τό παιδί της
χωρίς νά λαβ'ὑπόψιν της
νά δώση τήν ζωήν της

Ποτές της δέν λογάργιασε
τήν μητρική της θέση
καί στήν φωτια ἄν ἠμπορεῖ
ἔτοιμη για νά πέση

Στήν φτώχεια δέν ἐδείλιασε
ὅσον κ'ἄν ἠτο πτωμα
στό παιδί της ἔδωσε, λίγο ψωμί
ἀπ'τό δικότης στωμα

Μέ αὐτα-πάρνιση γιά συντροφιά
νά τέρπη τήν ψυχή της
τήν εὐτυχία καί χαρα
νά δώση στό παιδί της

Τό μέτρο ἐναι δυνατόν
τήν Γη για νά μετρίσει
τό βάθος του Ὠκεανου
κ'αὐτό νά τό γνωρισει

Τῆς πῆχες ὅλες τό πανί
στόν κόσμο που ὑφένουμε
χωρίς ν'ἀμφιβάλουμε
κ'αὐτό μπορει νά ξεύρουμε

Τοῦ φεγγαριοῦ τό διάστιμα
του μακρινου πλανίτη
κ'ἔκει ἀκόμη φθάσαμε
τό μέτρο δέν μας λιπει

Τῆς μάνας τήν ὑπομονή
που λαχταρα καθε στιγμή
τήν ἄπειρο ἀγάπη της
καί τήν θερμη στοργη της

Γιά τό παιδί που γέννησε
καί θύλασε νά ζήσει
ΜΕΤΡΟ δέν εὑρίσκετε
α'υτά για νά μετρίσει

Π.Ι.Ξ.
DALLAS TEX.

FOR MOTHER   Version 5

7

ON THE POEM

In The Greek:
YIA TIN MNIMI TIS MANAS

In The English:
FOR THE MEMORY OF MOTHER

Commentary:

The poem is another testimonial to motherhood to accompany other poems our father wrote about mother or "mana". Again this poem extols the qualities and virtues of "mana". This poem also reinforces the suggestion that he was very close to his mother and her role as a young widow. His admiration for her is reflected in any of his "mana" poems. There is even a suggestion that by writing such poems, he is atoning for leaving her to come to America and not returning for many years. In the poems the almost canonized person is "mana".

The first stanzas read:

> For you mother I want
> Two words to express
> The immeasurable depth
> Which I cannot reach

> For my gratitude
> For your sufferings for me
> Words do not suffice
> Regardless of their expression

The last stanzas read:

> In these few stanzas of mine
> To you I dedicate
> For me you endured
> With suffering and pain

> To offer you I cannot
> Nothing in Hades
> Undying lilies you deserve
> And a crown of gold

This Version 1 appears to be the only version of this poem.

Γιά τήν Μνήμη τῆς Μάνας

Γιά σένα Μάνα ἤθελα
δυό λόγια νά ἐκφράσω
τό βάθος εἰν'ἀμέτρητο
καί δέν μπορῶ να φθάσω

Γιά τήν εὐγνωμοσύνη μου
π'ὑπέφερες γιά μένα
λόγια δέν εἶναι ἀρκετά
ὅπως κ'ἄν εἰν'πλεγμένα

Πολλές νυχτιές ξενύχτισες
χωρίς να κλείσις μάτι
φιλόστοργη μητέρα κάθισες
δίπλα μου στό κρεβάτι

Στό πονεμένο σῶμα μου
κ'ἄρωστη ψυχή μου
χαρά κ'ἀγάπη σκόρπιζες
εἰς τήν ὑπομονή μου

Τά πικραμένα χείλη σου
καί τήν καρδια πνιγμένη
τό μητρικό φιλή σέ μέ
ποτέ δέν ἔπαυσε νά βγένη

Σάν ἄλλη Σουλιώτισα
εἰς τόν βωμό ἐπάνω
ἐπάλεψες ἀτρόμιτα
καί μέ τό παραπάνο

Σάν Λέαινα ἐπάλεψες
στήν φτώχεια της χηργιά σου
νά μή ἀφήσης καί χαθοῦν
τά ὀρφανα παιδια σου

Μέ δάκρια καί στεναγμούς
εἰς ὅλην τήν ζωη σου
ἐπάλεψες τόν ἀγώνα σου
ὥς ὅτου βγ'ἡ ψυχή σου

Μεγάλη ὑποχρέωση
ἐσθάνομε σέ σένα
που τήν ζωη σου δώρισες
ὁλόκληρη γιά μένα

Τό πᾶν σέ σένα χρεοστῶ
στήν διάβα της ζωῆς μου
οἱ πόνοι και τά δάκρια σου
μένουν μέ στήν ψυχή μου

Τούς λίγους τούτους στοίχους μου
σ'ἐσένα ἀφιερώνω
που μένα ἐγαλούχισες
μέ βάσαν και πόνο

Νά σοῦ προσφέρω δέν μπορῶ
τίποτα εἰς τόν Ἅδη.
κρίνοι ἀμάραντοι σου πρέπουνε
κ'ἔνα χρυσό......ΣΤΕΦΑΝΗ..

Π.Ι.Ξ.

ON THE POEM

In The Greek:
O TSOPANIS

In The English:
THE SHEPHERD

Commentary:

The Shepherd poem is very likely his reference to the fact that in his northern part of the state of Messinia, it is mountainous and sheep are one of the main endeavors of the villagers of Karnasion, his village.

Our grandfather had sheep in the mountain area around their village, so that our father as a young boy probably experienced the pastoral if not demanding life of a shepherd and his sheep. He makes reference to the lonely life of the shepherd in his wool cape, playing his flogera (flute), anxious about his flock, the stray sheep, his faithful dog, his warm fire in his line shack during the sometimes harsh weather, the coming of spring and the newborn lambs.

His father died when our father was a very young boy from hydrophobia (rabies), the result of an attack on the mountain by a rabid feral dog which had attacked his own dog. In trying to save his dog, he was bitten by the diseased dog. Since there were no available remedies for rabies infections in those days, one was assured a very bad death. I remember our father telling me that he remembered the dying throes of his father.

The second and probably final version is obviously the redone version of the original version evidenced by the markings on the first version. Even in the second version he had already made a notation for revision for what was yet to be the next version.

Ὁ Τσοπάνης

Τσοπάνης εἶν᾽ὁ Μπαρμπαλιᾶς
μέ τά προβατάτου
τήν καπότατου φορεῖ
κ᾽ὅλα τ᾽αρματάτου

Γύρο στίς ράχες καί πλαγές
τίς φέρνει ἄνω κάτου
ψάχνωντας για νά εὕρει
τά στέρφα προβατάτου

Τά γαλάρια τά καλᾶ τά-ἔχει
τά ἔχει μετριμένα
ἀρνάκια νά του δόσουνε
ὅλα τό καθένα.

Μέ τόν πιστόν τό σκύλοτου
τόν ἄγριπνο συντροφότου
που ὅλο πάντα βρίσκετε
δίπλα στό πλευρότου

Φτέρες κόβει καί κλαριᾶ
τό μαντρί νά φκιάσει
ἀπ᾽τό κρύο τό πολύ *Ἐη Βαρύγχειμ....*
νά τά ξεχειμονιάσει

Κοιμᾶτε στήν καλύβατου
στή χιονοσκεπασμένη
στο πρόχειρο τό γιάκιτου ,
λίγη φωτια ~~νά καίει~~ εἰαμένι

~~μορεύ~~
Καί στήν ψηλη ~~κλ..ήτου~~ του
~~Νά εἰ πάντα σύγουρος~~
κρέμετε τό ταγάρι του
μέ τό ξερό ψωμιτου

νάχει τό φαγητου –

Στό μαντρί ,τά πρόβατα
νά κλένε τά και μέσα
για λίγα χόρτα νάχουνε
τά χιονοσκεπασμένα

Κ᾽ὁ Μπάμπαλιας ὁ Τσέλικας
μέ λύπη καί μέ σκέψη
στρίβει τό μουστάκι του
ὀλίγο για ν᾽ἀνθέξει

Κ᾽ὁ χειμώνας ὁ βαρύς
που εἶναι ἀγωνία
οἱ λύκοι ὅλοι πεύτουνε
κάνωντας ἐπίθεση ὅλα τά θυρία

Καί σάν βλαστίσουν τά κλαριᾶ
κ᾽ἡ ἄνοιξις νά φέξει
πέρνει τήν φλογέρα του
γλυκα για νά τήν πέξει

Του Κούκου τό κελάι δαμα
ὅλο χαρά του δίνει
βλέπωντας τ᾽ἀρνάκια του
στόν τσάρκο μ᾽εὐροσύνη

Τά προβατάτου ἀρμέγωντας
στή στρούγκα ἕνα ἕνα
καί χαρά αἰστάνετε
δέντούληψε κανένα

Πίζωντας τό γάλα του τυρί για νά τό
καί τόν αὐρό, μανούρι βούτυρο,   κάνει
τήν λαμπρή για νά χαρῆ ----νά φκιάνει
μέ ὅλη του τήν στάνη.......

Ὁ Τσοπάνης

Τσοπάνης εἶν' ὁ Μπαρμπαλιᾶς
μέ τά προβοτάτου
τήν καπότατου φορεῖ
κ' ὅλα τ' αρματάτου

Γύρω στίς ρῆχες καί πλαγές
τίς φέρνει ἄνω κάτου
ψάχνωψας νά βρει
τά **στέρφαπροβατάτου**

Τά γαλάρια τά καλά
τάχει μετριμένα
αρνάκια νά του δώσουνε
ὅλα τό καθένα

Φτέρες κόβει καί κλαριά
τό μαντρί νά φκιάξει
ἀπ' τή βαρυχειμωνια
νά τά ξεχειμωνιά σει

Μέ τόν πιστό τόν σκύλοτου
τόν ἄγρυπνο συντροφότου
που ὅλο πάντα βρίσκετε
δίπλα στό πλευρότου

Κοιμᾶτε στήν καλήβατου
τή χιογοσκεπασμένη
στό πρόχειρο τό νζάκι του
λίγη φωτια ἀναμένη

Καί στήν ψηλή κορφήτου
νάχει τό φαγητου
κρεμέτε τό ταγάριτου
μέ τό ξερό ψωμίτου

Στό μαντρί τά πρόβατα
νά κλένε τά κ ι μένα
για λίγα χόρτα γάχουνε
τά χιονοσκεπασμένα

Κ' ὁ χειμώνας ὁ βαρύς
που εἶψαι ἀγωνία
ὅλοι οἱ λίκοι πεύτουνε
ἐπίθεση νά κάνουνε ὅλα τύ θ
                                        θυρία

Κ' ὁ Μπαρμπαλιᾶς ὁ Τσέλικας
μέ λύπη καί μέ σκέψη
στρίβει τό μουστάκιτου
ὀλίγο γιάνν' ανθέψει

Καί σάν βλαστίσουν τά κλαριᾶ
κ' ἡ ἄνοιξις νά φέξει
πέρνει τήν φλογέρατου
γλυκα γιά νά τήν πέξει

Τοᾶ κούκου τό κελά ι διμα
ὅλο χαρά του δίνει
βλέπωντας τ' αρνάκια του
στόν τσάρκο μέ εὐροσύνη

Τά προβατάτου 'αρμέγωντας
στή στρούγκα ἕνα ἕνα
καί χαρά αἰσθάνετε
δέν τούληψε κανένα

Πίζωντας τό γάλαου, τυρί γιά νά τό κάνει
καί τόν αψό, μαγούρι, βούτυρο νά *φκιαάν*
τήν λάμπρή για νά χαρει
μέ ὅλη του τήν στάνη.............

THE SHEEPHERDER   Version 2   *12*

16

ON THE POEM

In The Greek:
O MANAVIS

In The English:
THE GREENGROCER

Commentary:

The villages of Greece all have their small emporiums where the women of the house do their daily shopping for the necessary food provisions for the day. These emporiums are always very small modest operations, operated by a single soul called "manavi" or greengrocer, usually the owner. Sometimes they are assisted by a young errand boy who is maybe their son. Usually it was one of the children of the village. This poem alludes to our father's experience in one such village emporium.

Sometimes the local emporium system or bakaliko, as it called was supplemented by a roving "manavi, with his donkey or donkey drawn cart, selling fresh produce in the streets of the village. The imminent arrival of this "manavi" was preceded by his calling out in a robust voice, more like singing, what it was he was selling. The women of the house could meet him at curbside and negotiate the day's requirements for produce.

Because the family circumstances had been dramatically altered with the early death of his father, our father was employed by the village "manavi" or greengrocer in his emporium or bakaliko. He performed all the menial tasks and duties and must not have been a very pleasant experience, judging from other memorabilia of his I have encountered. The owner must not have been very nice since he is not mentioned or even described. With the long hours, abuse, and sometimes having to sleep over on the sacks of foodstuffs, this period of his life is not too fondly remembered.

The significance of this poem is that it is the only surviving poem in its original handwritten form. Even the second version contains very minor text and grammatical revisions making it appear to be almost identical to the original version.

Each stanza is begun with the "manavi" declaring what he has and who he is.

"I have beautiful fresh vegetables…(I am), manavis…"

"Ὁ Μανάβης"

"Ἔχω ὡραῖα φρέσκα-λαχανικά-α' Ὁ μανάβης.s
Ὁ μανάβης μας περνᾷ,
Χόρτα δροσερά πουλᾷ,
μ' ἕνα ὡραῖο Γαϊδουράκη,
πού τραβᾷ τό καροτσάκη.

"Ἔχω ὡραῖα φρέσκα-λαχανικά-α' Ὁ μανάβης.ss
"Ἔχω δροσερά σπανάκια
"Ἔχω φρέσκα ραπανάκια
"Ὅλο ζάχαρη ντομάτες
μαρουσιάτικες-πατάτες

"Ἔχω ὡραῖα φρέσκα-λαχανικά-α' Ὁ μανάβης.s
"Ὅτι χόρτο ἐπιθυμήσης,
μέ λεφτά θά τ' ἀποκτήσης
μόνον δέν πουλῶ χριστόμου
τόν στάχτη τόν Γαϊδαρόμου

"Ἔχω ὡραῖα, φρέσκα-λαχανικά-α' Ὁ μανάβης.ss

"Ο μανάβης"

"Έχω ωραία φρέσκα-λαχανικά α ο μανάβης

Ο μανάβης μας περνά
Χόρτα δροσερά πουλάη
μένα ωραίο γαϊδουράμη
που τραβά το καροτσάμη

Έχω ωραία φρέσκα-λαχανικά, α ο μανάβης ss

Έχω δροσερά σπανάκια
έχω φρέσκα ραπανάκια
όλο ζάχαρη ντομάτες
μαρουλιότημες πατάτες

Έχω ωραία φρέσκα-λαχανικά, α ο μανάβης ss

Ότι χόρτα πεθυμήσης
με λευτά θα τ' αποκτήσης
μόνο δεν πουλώ χρυσό μου
τον σταχτή τον γαϊδαρό μου

Έχω ωραία φρέσκα-λαχανικά, α ο μανάβης ss

ON THE POEM

In The Greek:
YIA TON POLITISMO – ELADA KE AMERIKI

In The English:
FOR CIVILIZATION – GREECE AND AMERICA

Commentary:

Our father had an unflagging patriotism for both his mother country and America. He was very Greek and very American. He loved his heritage and roots, but had adoration for America as an extension of his gratitude to America.

The poem was probably written in the latter World War II years as evidenced by his reference to Hitler and Mussolini and their declining fortunes.

He alludes to the spiritual similarity of Greece's glorious history of democracy and her warding off of many invaders that would threaten her freedom, to America and her ever so short history of similar high minded engagements to preserve freedom and the integrity of the individual human being.

A testimonial to our father's less than desirable record for keeping of his works is this poem. Version 1 is the original version, followed by 2 which is marked for revision, then versions numbers 3 and 4, probably years later. Both 3 and 4 are Xerox reproductions of the real second version, which was lost. Version 3 was marked for revision, then probably misplaced for a while, resulting in version 4, which is the same markings, except in ink and with the addition of another minor revision notation. He obviously never got around to re-doing the last marked copy into its final form.

ΓΙΑ ΤΟΝ ΠΟΛΙΤΙΣΜΟ

Ἑλλάδα καί Ἀμερική

Ἑλλάδα καί Ἀρ , Ἑλλάδα καί Ἀμερική
Μάνα καί θυγατέρα,
τόν πολιτισμό ἐπείρανε
νά φέρουνε εἰς πέρας

Στήν Ὀλυμπία ἄρχησαν
κι ἄπ τόν Παρθενῶνα
στήν Γουασυγκτῶνα φθάσανε
σέ τούτον τόν αἰώνα

Ἀδελφομέναι καί οἱ δυό
ᾑ δυό καρδιές σάν μία
τήν Βαρβαργια πολέμησαν
για τήν ἐλευθερία

Στῆς Θερμοπύλας τά στεγά
μέ τούς τριακόσιους Σπάρτας του
ὁ Δεωνίδας σπάραξε
του Ξερξη τά δεινά

Κι ὀ Μπαρμπα Γιάννης Μεταξᾶς
μέ τόν φαντάρο καί τσολια
τόν Μουσολίνη τσάκισε
στης Πίνδου τά βουνά

Τόν Χίτλερ ἐγωνάτησε
στης Κρήτης τά στενά
τουδωσε πρῶτο μάθημα
κ'ἄρχησε νά γυρνα

Κ'ὁ Μπάρμπα Σέμης ὁ καλός
σάν ἄνθρωπος του κόσμου
ἔφθασε σάν βο ι θός
καί χρέη νοσοκόμου

Μαζή σάν σύντροφοι καλοί
στόν πόλεμο πολέμισαν
Χίτλερ, Μουσολίνη, καί συντροφία
στόν κόσμο γιά νά δώσουνε, τήν
                              ἐλευθερία.

                    Παναγ. Ι. Ξηρόκωσας
                    DALLAS TEX.

Γιὰ τόν Πολιτισμό

ΕΛΛΑΔΑ ΚΑΙ ΑΜΕΡΙΚΗ

Ελλάδα καί Αμερική
μάνα καί θυγατέρα
τόν πολιτισμό ἐπήρανε
νά φέρουνε εἰς πέρας

Στήν Ολυμπία ἄρχησαν
κ'ἀπό τόν Παρθενώνα
στήν Γουασιγκτωνα φθάσανε
σέ τούτον τόν αίώνα

Αδελφομέναι καί οί δυό
οί δυό καρδιές σάν μία
τήν Βαρβαργια πολέμησαν
για τήν ἐλευθερία

Στῆς Θερμοπύλας τά στενά
μέ τούς τριακόσιους Σπάρτας του
ὁ Λεωνίδας σπάραξε
του Ξερξη τά δεινα

Κ'ὁ Μπάρμπα Γιάννης Μεταξᾶς
μέ τόν φαντάρο καί τσολια
τόν Μουσολίνη τσάκιζε
στης Πίνδου τά βουνα

Τόν Χίτλερ ἐγωνάτισε
στης Κρήτης τά στενα
τούδωσε πρωτο μάθημα
κ'ἄρχησε νά γυρνα

Κ'ὁ Μπάμπα Σέμης ὁ καλός
σάν ἄνθρωπος του κόσμου
ἔφθασε ώς βο τ θός
καί χρέη νοσοκόμου

Μαζή σάν σύντροφοι καλοί
στόν πόλεμο πολέμισαν
Χίτλερ,Μουσολίνη, καί συντροφία
στόν κόσμο για νά δώσουνε,
                    τήν ἐλευθερία

                    Π.Ι.Ξ.
                    DALLAS TEX.

Γιὰ τόν Πολιτισμό

῾ΕΛΛΑΔΑ ΚΑΙ ΑΜΕΡΙΚΗ

῾Ελλάδα καί ᾿Αμερική
μάνα καί θυγατέρα
τόν πολιτισμό ἐπῆρανε
νά φέρουνε εἰς πέρας

Στήν ᾿Ολυμπία ἄρχησαν
κ᾿ἀπό τόν Παρθενῶνα
στήν Γουασιχτῶνα φθάσανε
σέ τοῦτον τόν αἰῶνα

᾿Αδελφομέναι καί οἱ δυό
οἱ δυό καρδιές σάν μία
τήν Βαρβαργια πολέμησαν
για τήν ᾿ελευθερία

Στῆς Θερμοπύλας τά στενά
μέ τούς τριακόσιους Σπάρτας του
ὁ Λεωνίδας σπάραξε
του Ξερξῆ τά δεινα

Κ᾿ὁ Μπάρμπα Γιάννης Μεταξᾶς
μέ τόν φαντάρο καί τσολια
τόν Μουσολίνη τσάκισε
στης Πίνδου τά βουνα

Τόν Χίτλερ ἐγωνάτισε
στης Κρήτης τά στενα
τούδωσε πρωτο μάθημα
κ᾿ἄρχησε νά γυρνα

Κ᾿ὁ Μπάμπα Σέμης ὁ καλός
σάν ἄνθρωπος του κόσμου
ἔφθασε ὡς βο 'τ' θός
καί χρέη νοσοκόμου

Μαζή σάν σύντροφοι καλοί
στόν πόλεμο ~~πλημμυ~~ Επαναλον
Χίτλερ, Μουσολίνη, καί συντροφία
στόν κόσμο για νά δώσουνε,
        τήν ἐλευθερία

           Π.Ι.Ξ.
           DALLAS TEX.

[handwritten note in left margin:]
στις στροφες, στα βουνα
ή ελεφτερια του 21
την λευτερια ~~εποιηε~~ εποτισε
μέ τό δικοτης αίμα —

Γιά τόν Πολιτισμό

Ἑλλαδα και Αμερικη

Ἑλλάδα καί Ἀμερική
μάνα καί θυγατέρα
τόν πολιτισμό ἐπήρανε
νά φέρουνε είς πέρας

Στήν Ὀλυμπία ἄρχησαν
κ'ἀπό τόν Παρθενωνα
στήν Γουασιγκτωνα φθάσανε
σέ τούτον τόν αἰωνα

Ἀδελφομέναι καί οἱ δυό
οἱ δυό καρδιές σάν μία
τήν Βαρβαργια πολέμησαν
για τήν ἐλευθερία

Στής Θερμοπύλας τά στεγά
μέ τούς τριακόσιους Σπάρτας του
ὁ Λεωνίδας σπάραξε
του Ξερξη τά δεινα

Στίς στρούγγες στά βουνά
ἡ κλεφτουργιά του 21
τήν λευθεριά ἐπότισε
μά τό δικό της αἷμα

Κ'ὁ Μπάρμπα Γιάννης Μεταξάς, στο 41
μέ τόν φαντάρο καί τσολια
τόν Μουσολίνη τσάκισε
στης Πίνδου τά βουνα

Τόν Χίτλερ ἐγωνάτισε
στης Κρήτης τά στενα
τούδωσε πρωτο μάθημα
κ'ἄρχησε νά γυρνα

Κ'ὁ Μπάμπα Σέμης ὁ καλός
σάν ἄνθρωπος του κόσμου
ἔφθασε ὡς βο θός
καί χρέη νοσοκόμου

Μαζή σάν σύντροφοι καλοί
στόν πόλεμο πολέμισαν
Χίτλερ, Μουσολίνη, καί συντροφία
στόν κόσμο για νά δώσουνε,
τήν ἐλευθερία

Π.Ι.Ξ.
DALLAS TEX.

ON THE POEM

In The Greek:
HORIS TITLO

In The English:
WITHOUT TITLE

Commentary:

This poem is a self deprecating evaluation of our father being referred to as a poet by his friends and acquaintances. So he says. He makes light of the fact that in his seventies it is a little late and tenuous to refer to him as a poet. This line in the poem, with his age reference, would have this poem come into existence about 1962-1964.

This is the only version that survives. It may be the only version ever written. However, it would be unusual for him not to tamper with this one, given his propensity for re-doing his other poems.

In this poem he can be accused of feigned modesty with this taking up and giving up of his perceived status as a poet. He does that by his reference to a few of the famous Greek poets who he says would be quite dismayed with references to him being even compared to their company, titled as poets.

He finally does acknowledge that he may write what are descriptively referred to as poems, but not in the titular sense of poet.

Since he is in this no-man's land of writing poetry, but avoiding usurping the esteemed title of poet, he is without a title. Hence the poem title, "Without Title".

He begins the poem with-

> Some call me a poet
> And chronicler of renown
> Without jesting my friends
> I am not even a clown

27

In the last three stanzas-

> To call me a poet
> I see as irony
> I thank them very much
> With my friendship
>
> A poet I am not
> Nor a chronicler
> That my friends call me
> Is a big mistake
>
> The only I can say
> That I know that I do
> Unstitching and stitching
> Of hats that I do

The last line in the last stanza is his testimonial that his only talent of certainty is his simple skill as a maker of hats, which was his actual business occupation.

Χωρίς Τίτλο

Πολλοί μέ λένε ποιητή
καί χρονογράφο πρώτης
χωρίς ἀστεία φίλοι μου
δέν εἶμαι οὔτε Χιότης

"Άλλος μέ λέει Παλαμᾶ
καί Σούτσο μέ φωνάζη _
κ'ἄν τό ἀκούση ὁ Σουρῆς
βαργια θ'ἀναστενάζη

Πῶς ἐγώ ξεχύνισα στά γυρστι.'
στά γυρατιά μου τώρα
ποιητης γιά νά φανῶ
μέ ὅλη μου τήν φόρα

Ὁ βδομητάρης τώρα ἐγώ
που μοολθ΄ γα ξεκυνίσω
χωρίς νά εἰ'ὑπεύθυνος
νά τούς ἀνυσιχήσω

ἄλος μέ λέει "Ὁμυρο
καί ἄλον Θουκιδήδη
δέν του σροιχίζη τίποτα τό.
τόν τίτλο πού μου δίδη

Τί κακό νά βλέπουνε
κακό πως θά τούς κάμω
γράφων της ἀρλουμπες μου
τόν τίτλο νά τούς πάρω

ὦ φίλοι μου ἀγαπητοί
καί ἥρωες πατριῶται
Γεώργη Σουρῆ καί Παλαμά
καί Σούτσο ἕως τῶτε

Τό νά μέ λένε ποιητή
τό βλέμω εἰρωγία
τούς εὐχαριστῶ πολύ
μέ ὅλη τήν φιλία

Ποιητῆς δέν εἶμαι ἐγώ
οὔτε χρονογραφος
πού μέφωναζουν οἱ γνωστόι
κάνουν μεγάλο λάθος

Τό μόνο πού ἠμπορῶ νά εἰπῶ
πως ξεύρω ὅτι κάνω
ξηλώντας καί ράβωντας
καπέλα γιά νά φκιάνω

On The Poem

In The Greek:
EFHITIRIA

In The English:
GOOD WISHES

Commentary:

This poem represents the more resigned years of our father's life after our mother died. It is primarily good wishes to friends for the New Year. In this case 1965, 1966, 1967. It is a good natured, good humored poem.

These versions are essentially the same except for updating for the subsequent years as shown in the lower left after the last stanza of each version.

The first version, dated December1964 is for 1965. The second, written in 1965, is for 1966, and 1966 for 1967 in the third version where it went from five stanzas to twelve.

In this poem he employs his trademark sign off ditty, mentioned earlier; of who he is:

> P and X they call me
> That means crackerjack
> Foe sleeping and laziness
> Each of you know me

Version 2 title in capitals, has a typographical error. Shown as EFHITARIA, where it should be EFHITIRIA

ΕΥΧΥΤΗΡΙΑ

Πρωτο-χρονιάτικες εὐχές στούς φίλους μ' ἀπευθίνω
  τρόγωντας καί ψάλλωντας, καί στήν ὑγειά τους πίνω
Τούς χαιρετῶ Ἑλληνικά, καί GREETINGS, ἀλά- Ἐγγλέζικα
  ἀπό τό Τέξας τό τρανό, που εἶμαι καί τούς σκεύθικα
          - - -

Στούς τζογαδόρους τοῦ "_Κούμ-Κᾶν, καί τοῦ τριάντα ἕνα
  ὅλους μαζή τούς, χαιρετῶ, καί χωριστά καθένα
Που ξενικτούν καί πέζουνε, πόκα καί πασέτα
  κ'ὅσους τρέχη ἡ μύτη τους, δόστου-σύρτα-φέρτα
          - - - -

Γιά τοῦ Χριστοῦ μας τή γιορτή, καί τοῦ Ἅγιο-Βασίλη
  που φέρνη τήν πρωτο-χρονιά, μέ πίκρα ε'ις τά χείλη
Νά βλέπη νά τόν πέζουνε, στήν πόκα καί σκαμπίλη
  κ'εἰς ὅποιον τό τρίο δέν βαστά, το. τ'ἀλάζη τό κανδύλη
          - - - - -

Κ'ὅποια Κυρία δέν μπορή στό Ρόμη νά κερδίση
  τόν στέλγη στόν ἀπίγανο--στήν Καισαργια, καί πίσω μή γυρίση
Ὁ νέος χρόνος, πούρχετε, τό χίλια ἐννιά_καί_ξίντα πέντε
  σ'ὅλους νά εἶμαι ὅλο χαρά, καί εὐτυχια που λέμε
          - - - - -

Τούς εὔχομε χρόνια πολλά, καλά κ'εὐτυχισμένα
  κ'ὅποιος κερδίση στά καλά, ἄς πέξη καί για μένα
Νά μή τά βάλη--ὅλα μαζή,--ἐπάνο εἰς τόν ἄσο
  διότι λένε τά χαρτιά, σύγουρα θά χάσω

Γιάσας λοιπόν ἀγαπητοί, πιέτε καί γιά μένα
  καί ἄν_πλουτίσω_μια φορά, θά εἶναι πληρομένα
Ἀπ'ἔδω σας χαιρετῶ, ρουφώντας εἰς τά χείλη
  ἀπ'τό βουνό φασκόμηλο, καί ἄρωμα χαμομήλη
          - - - - -

                    Π. καί Ξ. μέ λένε, πού ἐνοῖ_ξευτέρη
                    στόν ἔπνο καί στήν τεμπελια,
Δεκέμβρης 1964   κθένας μέ ξεύρη...............

ΕΥΧΥΤΑΡΙΑ
....

Πρωτοχρονιάτικες εὐχές, στοὺς φίλους μ'ἀπευθύνω
τρώγωντας καὶ ψάλλωντας,καὶσαὴν ὑγειάτους πίνω
Τοὺς χαιρετῶ Ἑλληνικά,καὶ GREETINGS ἀλά Ἐγγλέζικα
ἀπὸ τὸ Δάλλας τὸ τρανό,που εἴμαι καὶ τοὺς σκεύθικα
....

Στοὺς τζιγαδόρους τοῦ "Κουν-Κάν, καὶ τοῦ τριάντα ἑνα
ὁλους μαζή τοὺς χαιρετω, καὶ χοριστά καθέναν
Που ξενιχτούν καὶ πέζουνε,πόκα καὶ πασέτα
κ'ὁσους τρέχ'ἡ μύτη τους, δῶστου-σύρτα φέρτα
....

Γιὰ τοῦ χριστοῦ μας τὴ γιορτή,καὶ τοῦ Ἁγιο-Βασίλη
που φέρνη τὴν πρωτωχρονιά, μὲ πίκρα εἰς τὰ χείλη
νά βλέπη νὰ τόν πέζουνε, πόκα καὶ ἀναμπίλη
κ'εἰς ὁποιον τὸ τρίο δὲν βαστά,τ'ἀλάξη τὸ κανδύκη
....

Κ'ὁποια Κυρία δέν μπορή, στὸ ρόμη νὰ κερδίση
τόν στόλνη στόν ἀπίγανο,στὴν Καισαργια,καὶ πίσω μὴ γυρίση
Ὁνέος χρόνος πούρχετε,τό χίλια ἐννιά καὶ ξιντα ἐξη
σέ ὁλους νὰ εἶναι ὁλο χαρά,καὶ εὐτυχια, που λέ'ἡ λέξη
....

Τοὺς εὐχομε χρόνια πολλά,καλά καὶ εὐτυχισμένα
κ'ὁποιος κερδίση στά καλά,ας πέξη καὶ γιά μένα
Πὰ μὴ τά βάλη ὁλα μαζή, ἐπάνω εἰς τόν ασο
διότι λένε τά χαρτιά ούγουρα θὰ χάσω
....

Γιάσας λοιπόν ἀγαπητοί,πιέτε καὶ γιά μένα
καὶ σαν πλουτίσω μια φορά, θά εἶναι πληρομένα
Ἀπ'ἐδω σας χαιρετω, ρουφώντας εἰς τά χείλη
ἀπ'τό βουνό φασκόμηλο,καί ἀρωμα χαμομήλη
....

Δεκέμβρης   1965

Π.καί Ξ.μέ λένε,ποῦ ἐνοῆ ξευτέρη
στόν ὑπνο καὶ στήν τεμπελια
καθ'ενας σας μέ ξεύρη.......

ΕΥΧΕΤΗΡΙΑ

Προτοχρονιάτικες εὐχές
στοὺς φίλους μ'ἀπευθύνω
τρόγωντας καί ψάλλωντας
καί στήν ὑγειά τους πίνω

Τούς χαιρετῶ Ἑλληνικά
καί GREETIGS ἀλά Ἐγγλέζικα
ἀπό τό Τέξας τό τρανό
πού εἶμαι καί τούς σκεύθικα

Στούς χζογαδόρους τοῦ Κουμ-Κάν
καί του τριάντα ἕνα
ὅλους μαζη τούς χαιρετῶ
καί χοριστά καθέναν

Πού ξενυχτούν καί πέζουνε
πόκα καί πασέτα
κ'ὅσοι τρέχη ἡ μύτη τους
δόστου--σύρτα--φέρτα

Γιά τοῦ Χριστοῦ μας τήν γιορτί
καί του Ἅγιο-Βασίλη
πού φέρνη τήν προτοχρονιά
μέ πίκρα εἰς τά χείλη

Νά βλέπη νά τόν πέζουνε
στήν πόκα καί σκαμπίλη
κ'εἰς ὅποιον τό τρίο δέν βαστά
τ'ἀλάζη τό κανδύλη

Κ'ὅποια Κυρία δέν μπορῆ
στό Ρώμη νά κερδίση
τόν στέλνη στόν ἀπίγανο
στήν Κατσαργια,καί πέρσι μή γυρίση.

Ὁ νέος χρόνος πούρχετε
τό χίλια ἐννιά καί ξόντα ἑπτά
σ'ὅλους νάνε πλούσιο,χαρά,καί
εὐτυχια.

Τούς εὔχομε χρόνια πολλά
καλά κ'εὐτυχισμένα
κ'ὅποιος κερδίση στά καλά
ἅς πέξη καί γιά μένα

Νά μή τά βάλη ὅλα μαζη
ἐπάνω εἰς τόν ἄσο
διότι λένε τά χαρτιά
σύγουρα θα χάσω

Γιάσας λοιπόν ἀγαπητοί
πιέτε καί γιά μένα
καί ἄν πλωπίσω μιά φορά
θα εἶναι πληρομενα

Ἀπ'ἐδῶ σας χαιρετῶ
ρουφῶντας εἰς τά χείλη
ἀπ'τό βουνό φασκόμηλο
καί ἄρωμα χαμομήλη

Π,καί Ξ,μέ λέμε, πού ἐνοῆ ξευτέρη
στόν ὕπνο καί στήν τεμπελια,
καθένας σας μέ ξεύρη........

ON THE POEM

In The Greek:
PROTOHRONIATICA EFHETIRIA

In The English:
NEW YEAR GOOD WISHES

Commentary:

This poem, newly titled as New Year Good Wishes, is the same poem as Good Wishes. Version 1 is a carbon copy of the 1964 December Good Wishes, marked in ink at the top next to the title for re-titleing as New Year Good Wishes. This model for the re-titled same poem became Versions 2, 3, and 4, wherein they are all shown to be for the same year 1966…for 1967. In this case it appears he redid the same poem three times in the same year, 1966.

It makes one wonder why he took a poem redone three years in succession from before to suit 1965 thru 1967, then used the identical poem re-titled only for 1967. It in turn re-done three times in one year, the same year. Or at least the same writing date, December 1966. Ah, those poets and their poems.

Version 2 has a pencil notation at the top right with the name Larda in Greek, which is the name of his koumbara in New York City who had been widowed many years from about the late 1930's. Our father was their best man (therefore their koumbaro) when they lived pre-war in Denison, Texas before moving to New York

This poem is a good example where our father just simply lost track of some of his works, being that he did not have even a semblance of an organized retention and retrieval system. The prerogatives of a poet I suppose.

Πρωτοχρονιά-
τικα ΕΥΧΕΤΗΡΙΑ

Προτο-χρονιάτικες εὐχές στούς φίλους μ' ἀπευθίνω
 τρόγωντας καί ψάλλωντας, καί στήν ὑγειά τους πίγω
Τούς χαιρετῶ Ἑλληνικά, καί GREETINGS, ἀλά- Ἐγγλέζικα
 ἀπό τό Τέξας τό τρανό, που εἶμαι καί τούς σκεύθικα

Στούς τζογαδόρους τοῦ "_Κούμ-Κἄν, καί τοῦ τριάντα ἔνα
 ὅλους μαζή, τούς χαιρετω, καί χοριστά καθένα
Πού ξενιχτοῦν καί πέζουνε, πόκα καί πασέτα
 κ'ὅσους τρέχη ἡ μύτη τους, δόστου-σύρτα-φέρτα

Γιά_τοῦ Χριστοῦ μας τή γιορτή, καί τοῦ Ἅγιο-Βασίλη
 πού φέρνη τήν προτο-χρονια, μέ πίκρα ε'ἰς τά χείλη
Νά βλέπη νά τόν πέζουνε, στήν πόκα καί σκαμπίλη
 κ'εἰς ὅποιον τό τρίο δέν βαστά, τόν τ'ἀλάζη τό κανδύλη

Κ'ὅποια Κυρία δέν μπορή στό Ρόμη νά κερδίση
 τόν στέλνη στόν ἀπίγανο--στήν Καισαρια, καί πίσω μή γυρίση
Ὁ νέος χρόνος, πούρχετε, τό χίλια ἐννιά_καί_ξίντα πέντε
 σ'ὅλους νά εἶναι ὅλο χαρά, καί εὐτυχια που λέμε

Τούς εὔχομε χρόνια πολλά, καλά κ'εὐτυχισμένα
 κ'ὅποιος κερδίση στά καλά, ἄς πέξη καί γιά μένα
Νά μή τά βάλη--ὅλα μαζή,--ἐπάνο εἰς τόν ἄσο
 διότι λένε τά χαρτιά, σύγουρα θά χάσω

Γιά σας λοιπόν ἀγαπητοί, πιέτε καί γιά μένα
 καί ἄν_πλουτίσω_μια φορά, θά εἶναι πληρομένα
Ἀπ'ἐδω σας χαιρετω, ρουφῶντας εἰς τά χείλη
 ἀπ'τό βουνό φασκόμηλο, καί ἄρωμα χαμομήλη

                    Π. καί Ξ. μέ λένε, πού ἐνοῆ_ξευτέρη
                    στόν ἔπνο καί στήν τεμπελια,
Δεκέμβρης 1964   κ0ένας μέ ξεύρη..............

Πρωτοχρόνιάτικα Εὐχετήρια

Πρωτοχρονιάτικες εὐχές, στούς φίλους μ'ἀπευθίνω
τρῶγωντας καί πίνωντας, καί στήν ὑγειά τους πίνω
Τούς χαιρετῶ Ἑλληνικά, καί GREETINGS ὅλα Ἐγγλέζικα
ἀπό τό Τεξας τό τρανό, που εἶμαι καί τους σκευθικα

Στούς νιογαδόρους τοῦ Κούμ-Κᾶν, καί τοῦ τριάντα ἕνα
ὅλους μαζη τούς χαιρετω, καί χοριστά καθέναν
Που ξενυχτούν, καί πεζουνε, πόκα καί πασετα
κ'ὁσούς τρέχ ἡ μύτη τους, δῶστου,-σύρτα,- φέρτα

Γιά τοῦ Χριστοῦ μας τήν Γιορτή, καί τοῦ Ἅγιο-Βασίλη
που φέρνη τήν πρωτοχρονια, μέ πίκρα εἰς τα χείλη
Νά βλέπη νά τόν πεζουνε, στην ποκα καί σκαμπίλη
κ'εἰς ὅποιον τό τρίο δέν βαστά, τ'ἀλάζη τόν κανδύλη

Κ'ὅποια Κυρία δέν μπορή, στό Ρόμη νά-κερδίση
τόν στελη στον ἀπίγανο, στην Καισαρια, καί πίσω μή γυριση
Ὁ νέος χρόνος πούρχετε, τό χίλια ἐννια καί ἑξῆντα ἑπτα
σ'ὅλους νάναι χαρούμενο, καί εὐτυχια ἀπό λεπτα

Τούς εὔχομε χρόνια πολλά, καλά κ'εὐτυχισμένα
κ'ὅποιος κερδίση στά καλά, ἄς πέξη καί γιά μένα
νά μή τά βάλη ὅλα μαςη, ἐπάνω εἰς τό ἄσω
διότι λένε τά χαρτια, σύγουρα θα χάσω

Γιάσας λοιπόν, ἀγαπητοί, πιέτε καί γιά μένα,
καί σαν πλουτίσω μια φορά, θα εἶναι πληρομένα
Ἀπ'ἐδω σας χαιρετω, ρουφωντας εἰς τά χείλη
ἀπ το βουνό φασκόμηλο, καί ἀρωμα χαμομηλη

—————————————

Π. καί Ξ. μέ λένε, που νοῆ ξευτέρη
στόν ὕπνο καί στην τεμπελια,
κάθενας σας μέ ξευρη!!

DALLAS TEX.
Δεκέμβρης 1966

ΠΡΩΤΟΧΡΟΝΙΑΤΙΚΑ
ΕΥΧΕΤΗΡΙΑ

Προτοχρονιάτικες εὐχές
στούς φίλους , μ'ἀπευθύνω
τρόγωντας καί ψάλλωντας
καί στήν ὑγειά τους πίνω

Τούς χαιρετῶ Ἑλληνικά
καί GREETIGS ἀλά Ἐγγλέζικα
ἀπό τό Τέξας τό ᾽τρανό
πού εἶμαι καί τούς σκεύθικα

Στούς χζογαδόρους τοῦ Κουμ-Κάν
καί του τριάντα ἕνα
ὅλους μαζή τούς ,χαιρετῶ
καί χωριστά καθέναν

Πού ξενυχτούν καί πέζουνε
πόκα καί πισέτα
κ'ὅσοι τρέχη ἡ μύτη τους
δόστου--σύρτα--φέρτα

Γιά τοῦ Χριστοῦ μας τήν γιορτί
καί του Ἁγιο-Βασίλη
που ψέρνη τήν προτοχρονιά
μέ πίκρα εἰς τά χείλη

Νά βλέπη νά τόν πέζουνε
στήν πόκα καί σκαμπίλη
κ'εἰς ὅποιον τό τρίο δέν βαστά
τ'ἀλάζη τό κανδύλη

Κ'ὅποια Κυρία δέν μπορῆ
στό Ρώμη νά κερδίση
τόν στέλνη στόν ἀπίγανο
στήν Καισαργια ,καί πίσω
                μή γυρίση.

Ὁ νέος χρόνος πούρχετε
τό χίλια ἐννιά καί ξόντα ἑπτά
σ'ὅλους νάνε πλούσιο ,χαρά ,καί
                εὐτυχια.

Τούς εὔχομε χρόνια πολλά
καλά κ'εὐτυχισμένα
κ'ὅποιος κερδίση στά καλά
ἄς πέξη καί για μένα

Νά μή τά βάλη ὅλα μαζή
ἐπάνω εἰς τόν ἄσο
διότι λένε τά χαρτιά
σύγουρα θα χάσω

Γιάσας λοιπόν ἀγαπητοί
πιέτε καί για μένα
καί σάν πλουτίσω μια φορά
θα εἶναι πληρομενα

Ἀπ'ἐδῶ σας χαιρετῶ
ρουφῶντας εἰς τά χείλη
ἀπ'τό βουνό φασκόμηλο
καί ἄρωμα χαμομήλη

Π,καίΞ,μέ λέθε, πού ἐνοῆ ξευτέρη
στόν ὑπνο καί στήν τεμπελια,
καθένας σας μέ ξεύρη.........

....

Πρωτο-χρονιάτικες εὐχές,στούς φίλους μ'ἀπευθίνω
τρώγωντας καί ψάλλωντας, καί στήν ὑγειά τους,πίνω
Τούς χερετω Ἑλληνικά,καί GREETINGS,ἀλά ἐγγλέζικα
ἀπό τό Τέξας τό τρανό. που εἶμαι καί τούς σκευθικα

Στούς νιογαδόρους του Κούν-κάν,καί του τριάντα ἕνα
ὅλους μαζη τούς χαιρετω,κκαί χοριστά καθέναν
Που ξενυχτούν καί πέζουνε, πόκα,καί πασέτα
κ'ὅπως τρέχ'ή μύτη τους, δώστου-σύρτα- φέρτα

Γιά του Χριστού μας τήν γιορτή,καί του Ἅγιο-Βασίλη
που φέρνη τήν πρωτοχρονια μέ πίκρα εἰς τά χείλη
νά βλέπη νά τόν πέζουνε,στήν πόκα καί σκαμπίλη
κ'εἰς ὅποιον τό τριο δέν βασρά, τ'ἀλάζη τό κανδύλη

Κ'ὅποια Κυρία δέν μπορή, στό Ρόμη νά κερδίση
τόν στέλη,στόν ἀπίγανο,στήν Καισαρια,καί πίσω μή γυρίση
Ὁ νέος χρόνος πούρχετε,τό χιλια ἐννια καί ξήντα ἐπτά
σ'ὅλους νάναι χαρούμενο, καί εὐτυχια ἀπό λεπτά

Τούς εὐχομε χρόνια πολλά, καλά κ'εὐτυχισμένα
κ'ὅποιος κερδίση στά καλά, ἄς πέξη καί για μένα
νά μή τά βάλη ὅλα μαζη, ἐπάνω εἰς τό ἄσω
διότι λένε τά χαρτιά, σύγουρα θα χάσω

Γιάσας λοιπάν ἀγαπητοί, πιέτε καί για μένα
κ'ὅταν πλουτίσω μια φορά, θα εἶναι πληρομένα
Ἀπ'ἐδω σας χαιρετω,ρουφωντας εἰς τά χείλη
ἀπ'τό βουνό φασκόμηλο, καί ἄρωμα χαμομήλη

Π.καί Ξ. μέ λένε,πού νοῆ ξευτέρη
στόν ὕπνο καί στήν τεμπελια,
καθένας σας μέ ξεύρη.............

DALLAS TEX.
Δεκέμβρης 1966

ON THE POEM

In The Greek:
PASHALINES EFHES
PASHALINA EFHETIRIA

In The English:
EASTER BLESSINGS
EASTER GOOD WISHES

Commentary:

The double title of this poem is a good example of the same poem having technically two titles of very similar meanings. Our father outdid himself on this poem with his versions of versions of versions. Starting with the title change and marks for revisions, he even changed the order and number of stanzas at least four times. It seems that he just could not get happy here with any one version. Again, more than likely he lost track of some of these where they reposed in books, and among other papers.

This poem deals with our Eastern Orthodox Easter. Easter, the highest of all the religious holidays in the life of a Greek .It is holy days of emotional intensity and significance that all Greeks relate to. It is the epicenter of their spiritual associations with their church and faith. Its significance is highlighted even more by the preamble of many events that begin over a month before Easter Week. A period of fasting and finally Easter Sunday, all preceded by the first day of the Great Lent of the Lenten period, the four Salutations, the Akathystos Hymn, the Presanctified Liturgies, Palm Sunday. No other of our high church holidays carries this intensity. The closest would be The Dormition of the Virgin Mary (Panagia), on August 15.

In the loose chronology of life's events, the Greek sometimes refers to Easter as a sort of reference point in the comparative relationship of other events to Easter. The highest of greetings are those in the days before Easter with "have a good resurrection" or "may we live to celebrate 'Lambri', meaning the light of the resurrection, Easter.

Much like other religious beliefs there is a perseverating denial of material things and body comforts for forty days before Easter. The culmination of regimen is the crescendo of the resurrection celebration at midnight of Holy Saturday into the joy of Easter Sunday. This release is celebrated in the companionship of family and comradeship of friends on Easter Sunday. Our church even provides the forum for this celebration on Easter Sunday in the brief Vesper of Agapi, the Love Feast. This gathering of people transcends all that has happened before. This is the new pure beginning for any relationship.

One can then understand how our father, very typically, related to Easter, and the inspiration for this poem expressed in its original form.

This poem evolved into four distinct groups A, B, C, D, all similar in content, except that verse order was changed and verses added. Within each group the various versions were refinements in detail or merely another duplicate copy.

Group A is titled EASTER BLESSINGS, while Groups B, C, and D are titled EASTER GOOD WISHES even though A through D are basically the same poem except it changed title and grew from eleven stanzas to thirteen, then fourteen, then finally to sixteen.

In Group A, Version 1 appears to be the grandfather of all the subsequent versions with its eleven stanzas and original typing embossed into the paper. Version 2 is merely the carbon of the original Version 1. Version 3 is a re-typed version of Version 1. Version 4 is the re-formatted stanzas vertically, but is the same content as Version 3.

In Group B, Version 1 has the new title of EASTER GOOD WISHES and the stanza order re-formatted and the addition of two stanzas to thirteen. It is interesting to notice on this one that he has already marked in light pencil the new order for the stanzas for subsequent re-typing.

Group C, Version 1 is the retyped version of Version 1 in Group B that was pencil marked for stanza rearrangement, and also got a stanza addition to fourteen. This Version 1 has the handwritten addition of 1965 at the bottom, which is significant because our father rarely dated any of his work. Version 2 is actually only the carbon of Version 1. Version 3 is a retyped version of Version 1 with, again, the light pencil addition of yet another stanza to be added at the next typing at the bottom.

Group D, Version 1 is the retyped Version 3 in Group C with the addition of the marked additional stanza plus one more to make it sixteen. Of interest here is the use of a letterhead for this version of the poem. This happens to be the letterhead of the travel company owned by our sister's husband George Yianitsas at that time. Again this is his use of any form of paper at hand on which to compose. Version 2 is the carbon of Version 1 already marked for minor corrections at the next redo.

There are no additional versions that I could find of this poem which amusingly suggests that our father finally just gave up on this poem so it could quietly go to bed on its own.

Πασχαλινές Εὐχές

Στήν Πάρνυθα καί Ὑμητό
στης κορυφές ἐκείνων
που κελα ι δουν ἡ πέρδυκες
γαλιάντρας καί κοσίφων

Πού τό ἀ ̈ι δώνη τραγουδᾶ
ὕμνους εἰς τόν πλάστη
σέ γανουρίζουν ἁπαλά
στούς κάμπους καί στά δάση

Τώρα πού ἡ ἄνοιξις φορή
μέ χρώματα γεμάτη
καί δίνη στόν καθένα μας
νέα ζωη κ'ἀγάπη

Τώρα πού τά πρόβατα
βόσκουν στά λιβάδια
κ'ὁ τσοπάνης στό βουνό
εὐρένετε τήν αὔρα

Πέζωντας τήν φλογέρα του
γλυκά καί ρωτευμένα
γύρω στρύς θάμνους της πλαγιᾶς
καί στου βουνου τό ρέμα

Στούς φίλους που ἐγνώρισα
στήν διάβα της ζωης μου
τούς εὔχομε χρόνια πολλά
μέ ὅλη τήν ψυχή μου

Τούς εὔχομε μέ τό καλό
τό Πάσχα νά γιορτάσουν
καί της λαμπρης τ'αὐγά
κόκκινα νά τά βάψουν

Τό Πάσχα νά γιορτάσουνε
καί τήν γιορτή νά χαίρουν
ὅπως αὐτοί ἐπιθυμοῦν
χωρίς νά ὑποφέρουν

Καί της σούβλας τό ἀρνή
του φούρνου τό ντζουβέκι
νά εὐρανθοῦν μέ ὄρεξη
ὅσοι τό θέλουν ἔτσι

Κ'ἄν μαγερίτσα φτιάσσανε
εἰς ὅσους τούς ἀρέση
ἄς θυμηθοῦν καί δι'ἐμέ
ὀλίγο κοκορέτσι

Σᾶς χαιρετῶ ἀγαπητοί
φατε πιέτε καί γλεντατε
στό κοκκινέλη του Καμπα
καί ἐμέ μή μέ ξεχνατε

Π. καί Β. μέ λένε, που νοῆ ξευτέρη
στόν ὕπνο καί στήν τεμπελια
καθένα σας μέ ξευρη..........

Πασχαλινές Εὐχές

Στὴν Πάρνηθα καί Ὑμηττό
στῆς κορυφές ἐκείνων
πού κελα ι δοῦν ἡ πέρδυκες
γαλιάντρας καί κοσίφων

Πού τό ἀ ϊ δώνη τραγουδᾷ
ὕμνους εἰς τόν πλάστη
σέ γανουρίζουν ἁπαλά
στούς κάμπους καί στά δάση

Τώρα πού ἡ ἄνοιξος φορή
μέ χρώματα γεμάτη
καί δίνη στόν καθένα μας
νέα ζωη κ'ἀγαπη

Τώρα πού τά πρόβατα
βόσκουν στά λιβάδια
κ'ὁ τσοπάνης στό βουνό
εὐρένετε τήν ἄβρα

Πέζωντας τήν φλογέρα του
γλυκά καί ρωτευμένα
γύρω στρύς θάμχους τῆς πλαγιᾶς
καί στου βουνου τό ρέμα

Στούς φίλους που ἐγνώρισα
στήν διάβα της ζωῆς μου
τούς εὔχομε χρόνια πολλά
μέ ὅλη τήν ψυχή μου

Τούς εὔχομε μέ τό καλό
τό Πάσχα νά γιορτάσουν
καί της λαμπρης τ'αὐγά
κόκκινα νά τά βάψουν

Τό Πάσχα νά γιορτάσουνε
καί τήν γιορτή νά χαίρουν
ὅπως αὐτοί ἐπιθυμοῦν
χωρίς νά ὑποφέρουν

Καί τῆς σούβλας τό ἀρνή
του φούρνου τό ντζουβέκι
νά εὐρανθοῦν μέ ὅρεξη
ὅσοι τό θέλουν ἔτσι

Κ'ἄν μαγερίτσα φλιάσσανε
εἰς ὅσους τούς ἀρέση
ἄς θυμηθοῦν καί δι'ἐμέ
ὀλίγο κοκορέτσι

Σᾶς χαιρετῶ ἀγαπῃτοί
φάτε πιέτε καί γλεντᾶτε
στό κοκκινγέλη του Καμπα
καί ἐμέ μή μέ ξεχνᾶτε

Π. καί Δ. μέ λένε, πού νοῆ ξευτέρη
στόν ὕπνο καί στήν τεμπελια
καθένα σας μέ ξευρη..........

46

Πασχαλινές εὐχές

Στήν Πάρνυθα καί 'Υμητό
στης κορυφές ἐκείνων
που κελα ΐ δούν οἱ πέρδικες
γαλιάντρας καί κοσίφων

Πού τό ἀ ΐ δώνη τραγουδῆ
ὕμνους εἰς τόν πλάστη
σέ γανουρίζουν ἀπαλά
στούς κάμπους καί στά δάση

Τώρα πού ἡ ἄνοιξις
μέ χρώματα γεμάτη
καί δίχη στόν καθένα μας
νέα ζωη κ'αγάπη

Τώρα πού τά πρόβατα
βόσκουν στά λιβάδια
κ'ὁ τσοπάνης στό βουνό
εὐρένετε τήν αὔρα

Πέζωντας τήν φλογέρατου
ἡλυκά καί ρωτευμένα
γύρω στούς θάμνους της πλαγιᾶς
καί στου βουνού τό ρέμα

Στούς φίλους που ἐγνώρισα
στήν διάβα της ζωης μου
τούς εὔχομε χρόνια πολλά
μέ ὅλη τήν ψυχή μου

Τούς εὔχομε μέ τό καλό
τό Πάσχα νά γιορτάσουν
καί της λαμπρης τ'αὐγά
κόκκινα νά τά βάψουν

Τό Πάσχα νά γιορτάσουνε
καί τήν γιορτή νά χαίρουν
ὅπως αὐτοί ἐπιθυμοῦν
χωρίς νά ὑποφέρουν

Καί της σούβλας τό ἀρνή
του φούρνου τό ντζουρέκι
νά εὐρανθοῦν μέ ὄρεξι
ὅσοι τό θέλουν ἔτσι

Κ'ἄν μαγερίτσα φκιάσουνε
εἰς ὅσους τούς ἀρέση
ἆς θυμηθοῦν καί ὁ ἐμέ
ὀλίγο κοκκορέτσι

Σᾶς χαιρετῶ ἀγαπητοί
φατε πιέτε καί γλεντατε
στό κοκκιγέλη του Καμπα
καί ἐμέ μή μέ ξεχνατε

Π.καί Ξ.μέ λένε, πού νοῆ ξεντέρη
στόν ὕπνο καί στήν τεμπελια
καθέναςσας μέ ξεύρη..........

Πασχαλινές Εὐχές

Στήν Πάρνυθα καί Ὑμητό
στης κορυφές ἐκείνων
που κελα ι δούν ἡ πέρδικες
γαλιάνδρας καί κοσίφων

Πού τό α·ι δώνη τραγουδή
ὕμνους εἰς τόν πλάστη
σέ γανουρίζουν ἀπαλά
στούς κάμπους καί στάδάση

Τῶρα πού ἡ ἄνοιξις φορή
μέ χρώματα γεμάτη
καί δίνη στόν καθένα μας
νέα ζωή κ'αγάπη

Τῶρα πού τά πρόβατα
βόσκουν στά λιβάδεια
κ'ὁ τσοπάνης στό βουνό
ἐφρένετε τήν αὔρα

Πέζοντας τήν φλογέρατου
γλυκά καί ἐροτευμένα
γύρω στού θάμνους της πλαγιᾶς
καί στου βουνου τό ρέμα

Στούς φίλους που ἐγνώρισα
στήν διάβα της ζωης μου
τούς εὔχομε χρόνια πολλά
μέ ὅλη τήν ψυχή μου

Τούς εὔχομε μέ τό καλό
τό Πάγχα νά γιορτάσουν
καί της λαμπρης τ'αὐγά
κόκκινα νά τά βάψουν

Τό Πάσχα νά γιορτάσουνε
καί τήν γιορτή νά χαίρουν
ὅπους αὐτοί ἐπιθυμούν
χωρίς νά ὑποφέρουν

Καί της σούβλας τό ἀρνή
του φούρνου τό ντζουβέκη
νά εὐρανθούν μέ ὄρεξη
ὅσοι τό θέλουν ἔτσι

Κ'ἄν μαγερίτσα φκιάσουνε
εἰς ὅσους τούς ἀρέση
ἄς θυμηθούν καί δι'ἐμέ
ὀλίγο κοκκορέτσι

Σᾶς χαιρετῶ ἀγαπητοί
φάτε πιέτε καί γλεντᾶτε
στό κοκκινέλη του Καμπα
καί μέ μή μέ ξεχνᾶτε.

Π.καί Ξ. μέ λένε πού νοη ξευτέρη
στόν ὕπνο καί στήν τεμπελια
καθένασας μέ ξεύρη..........

Στήν Πάρνηθα καί Ὑμηττό
στῆς κορυφές ἐκείνων
που κελαηδοῦν οἱ πέρδικες
γαλιάντρας καί κοσίφων

Στήν Πίνδο καί στόν Παρνασό
τά κρύσταλα νά λιόνουν
καί μέ κρυφό χαμόγελο
τά ρόδα νά φουσκόνουν

Νοιόθης τήν ἀτμόσφαιρα
εἶγ'ἄρωμα γεμάτη
που μας προσφρουν,κάμποι καί πλαγές
ὅπου κ'ἄν ρίξης μάτι

Που τό ἀηδώνη τραγουδῆ
ὕμνους εἰς τόν πλάστη
σέ γανουρίξη ἀπαλά
στούς κάμπους καί στά δάση

Καί ὁ πετροκόσιφας
στόν βράχο ἀπό κάτου
τραγουδῆ μέ ἔρωτα
κτίζωντας τήν φωλιά του

Τῶρα που ἡ ἄνοιξις φωρῆ
μέ χρῶματα γεμάτη
καί δίνη στόν καθένα μας
νέα ζωη κ'ἀγάπη

Τῶρα πουτ τά πρόβατα
βόσκουν στά λειβάδια
κ'ὁ τσοπάνης στό βουνό
εὑρένετε τήν αὕρα

Πέζωντας τήν φλογέρατου
γλυκά κ'ἐρωτευμένα
γύρω στούς θάμνους τῆς πλαγιᾶς
καί στου βουνου τό ρέμα

Στούς φίλους που ἐγνώρισα
στήν διάβα της ζωης μου
τούς εὔχομε χρόνια πολλά
μέ ὅλη τήν ψυχή μου

Τό Πάσχα νά γιορτάσουνε
καί τήν γιορτή νά χαίρουν
ὅπως αὐτοί ἐπιθυμοῦν
χωρίς νά ὑποφέρουν

Καί τῆς σούβλας τό ἀρνί
του φούρνου τό ντζουβέκι
νά εὑρανθοῦν μέ ὄρεξη
ὅσοι τό θέλουν ἔτσι

Κ'ἄν μαγερίτσα φκιάσουνε
εἰς ὅσους τούς ἀρέση
ἄς θυμηθοῦν καί δι'ἐμέ
ὀλίγο κοκκορέτσι

Σᾶς χαιρετῶ ἀγαπητοί
φᾶτε πιέτε καί γλεντᾶτε
στό κοκκινέλη του Καμπα
καί μέ μη μέ ξεχνᾶτε,...

Π.Ι.Ξ.
DALLAS TEX.

Στήν Πάρνηθα κτί 'Υμηττό
στῆς κορυφές ἐκείνων
που χελα ι δοῦν οἱ πέρδικες
γαλιάντρας καί κοσίφων

Στήν Πίνδο καί στόν Παρνασό
τά κρύσταλα να λιόνουν
καί μέ κρυφό χαμόγελο
τά ρόδα νά φουσκόνουν

Ποῦ τό ἀηδώνη τραγουδῆ
ὕμνους εἰς τόν πλάστη
σέ γανουρίζη ἀπαλά
στούς κάμπους καί στά δάση

Κκαί ὁ πετροκόσιφας
στόν βράχο ἀποκάτου
τραγουδῆ μέ ἔρωτα
κτίζωντας τήν φωλιάτου

Τῶρα πού ἡ ἄνοιξις φορῆ
μέ χρώματα γεμάτη
καί δίνη στόν καθένα μας
νέα ζωη κ'ἀγάπη

Ποῦ νοιώθης τήν ἀτμόσφερα
ν'εἶν'ἄρωμα γεμάτη
που μας προσφέρουν,κάμποι καί πλαγές,
ὅπου κ'ἄν ρίξης μάτι

Τῶρα πού τά πρόβατα
βόσκουν στά λειβάδια
κ'ὁ τσοπάνης στό βουνό
εὑρένετε τήν αὔρα

Πέζωντας τήν φλογέρατου
γλυκά κ'ἐρωτευμένα
γύρο στούς θάμνους τῆς πλαγιᾶς
καί στου βουνου τό ρευμα

Κ'οἱ πασχαλιές στόν Τύρναβο
βλαστουνε καί δροσατες
τήν Λαμπρή μας φέρνουνε
μέ ἄρωμα γεματες

Στούς φίλους που ἐχνώρισα
στήν διάβα της ζωης μου
τούς ε'υχομε χρόνια πολλά
μέ ὅλη τήν ψυχή μου

Τό Πάσχα νά γιορτάσουνε
καί τήν γιορτή νά χαίρουν
ὅπως αὐτοί ἐπιθυμοῦν
χωρίς νά ὑποφέρουν

Καί τῆς σούβλας τά ἀρνί
του φούρνου τό νζουβέκι
νά ευρανθοῦν μέ ὅρεξη
ὅσοι τό θέλουν ἔτσι

Κ'ἄν μαγερίτσα φκιάσουνε
εἰς ὅσους τούς ἀρέση
ἄς θυμηθούν καί δι'ἐμέ
ὀλίγο κοκκορέτσι

Σᾶς χαιρετῶ ἀγαπητοί
φάτε πιέτε καί γλεντατε
στό κοκκινέλη του Καμπα
καί μέ μή μέ ξεχνατε

Π.Ι.Ξ.
DALLAS TEX
1965

Πασχαλινά Εὐχετήρια

Τώρα πού ἡ ἄνοιξις φορεῖ
μέ χρώματα γεμάτη
καί δίνη στόν καθένα μας
νέα ζωή κ'ἀγάπη

πού νοιώθης τήν ἀτμόσφαιρα
γ'εἶν'ἄρωμα γεμάτη
πού μας προσφέρουν,κάμποι καί πλαγές
ὅπου κ'ἄν ρίξης μάτι

Στήν Πάρνηθα καί Ὑμηττό
στης κορυφές ἐκείνων
πού κελα ι δοῦν οἱ πέρδικες
γαλιάντρας καί κοσίφων

Στήν Πίνδο καί στόν Παρνασό
τά κρύσταλα νά λιόνουν
καί μέ κρυφό χαμόγελο
τά ρόδα νά φουσκόνουν

Ποῦ τό ἀηδόνι τραγουδεῖ
ὕμνους εἰς τόν πλάστη
σε γανουρίζη ἀπαλα
στούς κάμπους καί στά δάση

Καί ὁ πετροχόσιφας
στόν βράχο ἀπηκάτω
τραγουδεῖ μέ ερωτα
κτίζωντας τήν φωλιάτου

Τώρα πού τά πρόβατα
βόσκουν στά λιβάδια
κ'ὁ τσοπάνης στό βουνό
εὑρένετε τήν αὔρα

Πέζωντας τήν φλογέρατου
γλυκά κ'ἐρωτευμένα
γύρο στούς θάμνους της πλαγι
καί στου βουνου τό ρέμα   ἄς

Κ'πασχαλιές στόν Τύρναβο
βλαστούνε καί δροσατες
τήν λαμπρή μας φέρνουνε
μέ ἄρωμα γεματες

Στούς φίλους πού ἐγνώρισα
στήν διάβα της ζωης μου
τούς εὔχομε χρόνια πολλά
μέ ὅλη τήν ψυχή μου

Τό Πάσχα νά γιορτάσουνε
καί τήν λαμπρή νά χαίρουν
ὅπως αὐτοι ἐπιθυμούν
χωρίς νά ὑποφέρουν

Καί της σούβλας τό ἀρνί
του φούρνου τό ντζουβάκι
νά εὐρανθούν μέ ὀρεξη
ὅσοι τό θέλουν ἔτσι

Κ'ἄν μαγερίτσα φκιάσουμε
εἰς ὅσους τούς ἀρέση
ἄς θυμηθούν καί δι'ἐμέ
ὀλίγο κοκκορέτσι

Σᾶς χαιρετῶ ἀγαπητοί
φατε πιέτε καί γλεντατε
στό κοκκινέλι του Καμπα
καί μέ μή μεξεχνατε

Π.Ι.Ξ.

DALLAS TEX.

Πασχαλινά Εὐχετήρια

Τώρα ποῦ ἡ ἄνοιξις φορεῖ
με χρώματα γεμάτη,
καί δίνη στόν καθένα μας
νέα ζωη κ'ἀγάπη

Ποῦ νοιώθης τήν ἀτμόσφαιρα
ν'ἄρωμα γεμάτη
που μας προσφέρουν κάμποι και πλαγές
ὅπου κ'ἄν ρίξης μάτι

Στήν Πάρνηθα καί Ὑμηττό
στρις κορυφές ἐκείνων
που κέλα ι δούν οἱ πέρδικες
γαλιάντρας καί κοσίφων

Στήν Πίνδο καί στόν Παρνασό
τά κρύσταλα νά λιόνουν
καί μέ κριφό χαμόγελο
τά ρόδα νά φουσκόνουν

Ποῦ τό ἀηδόνι τραγουδεί
ὕμνους εἰς τόν πλάστη
σέ γανουρίζη ἀπαλά
στοὺς κάμπους καί στά δάση

Καί ὁ πετρο-κόσιφας
στόν βράχο ἀπηκάτω
τραγουδεί μέ ερωτα
κτίζωντας τήν φωλιάτου

Τώρα ποῦ τά πρόβατα
βόσκουν στά λειβάδια
καί ὁ τσοπάνης στό βουνό
εὑρένετε τήν αὔρα

Πέζωντας τήν φλογέρατου
γλυκά κ'ἐρωτευμένα
γύρο στούς θάμνους τῆς πλαγιᾶς
καί του βουνου τό ρέμα

Κ'οἱ πασχαλιές στόν Τύρναβο
βλαστουνε καί δροσατες
τήν Λαμπρή μας φέρνουνε
μέ ἄρωμα γεματες

Στούς φίλους που ἐγνώρισα
στήν διάβα της ζωης μου
τούς εὔχομε χρόνια πολλά
μέ ὅλη τήν ψυχή μου

Τό Πάσχα νά γιορτάσουνε
καί τήν λαμπρή νά χαίρουν
ὅπως αὐτοί ἐπιθυμούν
χωρίς νά ὑποφέρουν

Καί της σούβλας τό ἀρνί
του φούρνου τό νζουβέκι
νά εὐρανθούν μέ ὄρεξι
ὅσοι τό θέλουν ἔτσι

Κ'ἄν μαγερίτσα φκιάσουνε
εἰς ὅσους τούς ἀρέση
ἄς θυμιθούν καί δι'ἐμέ
ὀλίγο κοκκορέτσι

Σᾶς χαιρετω ἀγαπητοί
φάτε πιέτε καί γλεντατε
στό κοκκινέλη του Καμπα
κ'ἐμέ μή μέ ξεχνατε

[handwritten note]

Π.Ι.Ξ.
DALLAS TEX.

Journey House, Inc.
TRAVEL   AGENCY • 284 Meadows Bldg., Dallas, Texas • EM1-7121 • George Yianitsas, President

Πασχαλινᾶ Εὐχετήρια

Τῶρα ποὺ ἡ ἄνοιξις φορεῖ
μέ χρώματα γεμάτη
καὶ δίγει στόν καθένα μας
νέα ζωη κ'ἀγάπη

Νοιόθης τήν ἀτμόσφερα
ν'εἰν ἄρωμα γεμάτη
που μας προσφέρουν οἱ πλαγές
ὅπου κ'ἂν ρίξης μάτη

Ποὺ τ' ἀ ι δώνη τραγουδεῖ
ὕμνους εἰς τόν πλάστη
σέ νανουρίζει ἀπαλα
στούς κάμπους καὶ στά δάση

Καὶ ὁ περροκόσιφας
στόν βράχο ἀποκατου
τραγουδεῖ μέ ἔρωτα
κτίζωντας τήν φωλιάτου

Τῶρα ποὺ τά πρόβατα
βόσκουν στά λειβάδια
κ'ὁ τσοπάνης στό βουβό
εὑρένετα τήν α'ὕρα

Πέζωντας τήν φλογέρατου
γλυκα κ'ἐρωτευμένα
γύρο στούς θάμγους τῆς πλαγιᾶς
καὶ στό βαθί τό ρέμα

Στήν Παρνιθα καί 'Υμητό
στις κορυφές ἐκείνων
τραγουδούν οἱ πέρδικες
γαλιάντρας καί κοσίφων

Στήν Πίδο καί στού Παρνασό
τά χρύσταλα νά λιόνουν
καί μέ κριφό χαμόγελο
τά ρόδα νά φουσκόνουν

'Ο κούκος εἰς τήν χαραυγή
μέ τό κεδαδιμάτου
τραγουδει τήν ἄνοιξη
γύρω στήν φολιάτου

Τά χελιδώνια ἔρχοντε
τόν τοπο γιά νά εἶδουνε
φέρνωντας τό Πάσχα
ψάλλουν καί τραγουδούνε

Κ'οἱ πασχαλιές εἰς τόν χελμό
βλαστούνε καί δροσάτες
τήν λαμπρή μάς φέρνουνε
μέ ἄρωμα γεμάτες

Τούς φίλους που ἐγνώρισα
στήν διάβα της ζωης μου
τούς εὔχομε χρόνια πολλά
μέ ὅλη τήν ψυχή μου

Τό Πάσχα νά γιορτάσουνε
καί τήν λαμπρή νά χαίρουν
ὅπως αὐτοί ἐπιθυμούν
χωρίς νά ὑποφέρουν

Καί τῆς σούβλας τό ἀρνί
του φούρνου τό νζεβέκι
νά ἐφρανθούν μέ ὄρεξη
ὅσοι τό θέλουν ἔτσι

Κ'ἄν μαγερίτσα φχιάσουνε
εἰς ὅσους τούς ἀρέσει
ἄς θυμηθούν καί γιά ἐμέ
ὀλίγο κοκκορέτσι

Σας χαιρετῶ ἀγαποιτοί
φᾶτε πιέτε καί γλεντάτε
στό κοκκιαέλι του Καππα
κ'ἐμέ μή μέ ξεχνάτε......

Π. Ι. Ξ.

Πασχαλινᾶ Εὐχετήρια

Τώρα ποῦ ἡ ἄνοιξις φορεῖ
μέ χρώματα γεμάτη
που δίγει στόν καθένα μας
νέα ζωή κ'ἀγάπη

Νοιόθης τήν ἀτμόσφαιρα
ν'εἴν' ἄρωμα γεμάτη
που μας προσφέρουν οἱ πλαγές
ὅπουκ'ἄν ρίξης μάτι

Ποῦ τό ἀ'ι' δόνη τραγπυδεῖ
ὕμνους εἰς τόν πλάστη
σέ γανουρίζει ἀπαλα
στούς κάμπους καί στά δάση

Καί ὁ πετροκόσιφας
στόν βράχο ἀποκάτου
τραγουδει μέ ἔρωτα
κτίζωντας τήν φωλιά του

Τώρα ποῦ τά πρόβατα
βόσκουν στά λειβάδια
κ'ὁ τσοπάνης στό βουνό
ε'υρένετε τήν αὔρα

Πέζωντας τήν φλογέρατου
γλυκα κ'ἐρατευμένα
γύρω στούς θάμνους τῆς πλαγιᾶς
καί στό βαθί τό ρέμα

Στήν Πάρνιθα καί 'Υμητό
στίς κορυφές ἐκείνων
τραγουδοῦν οἱ πέρδικες
γαλιάντρας καί κοσίφων

Στήν Πίνδο καί στόν Παρνασό
τά κρύσταλα νά λιόνουν
καί μέ κρυφό χαμόγελο
τά ρόδα νά φουσκόνουν

'Ο κούκος ε'ις τήν χαραυγή
μέ τό κελαδιμάτου
τραγουδει τήν ἄνοιξη
γύρω στήν φωλιά του

Τά χελιδόνια ἔρχοντε
τόν τόπο γιά νά εἴδουνε
φέρνωντας τό Πάσχα
ψάλλουν καί τραγουδοῦνε

Κ'οἱ πασχαλιές εἰς τόν Χελμό
βλαστοῦνε καί δροσάτες
τήν λαμπρή μᾶς φέρνουνε
μέ ἄρωμα γεμάτες

Τούς φίλους ποῦ ἐγνώρισα ὁλή
στήν διάβα της ζωης μου
τούς εὔχομε χρόνια πολλά
μέ ὅλη τήν ψυχή μου

Τό Πάσχα νά γιορτάσουνε
καί τή λαμπρή νά χαίρουν
ὅπως αὐτοί ἐπιθυμούν
Χωρίς νά ὑποφέρουν

Καί τῆς σούβλας τό ἀρνί
του φούρνου τό ντζεβέχι
νά εὐρανθοῦν μέ ὄρεξη
ὅσοι τό θέλουν ἔτσι

Κ'ἄν μαγερίτσα φκιάσουνε
εἰς ὅσους τούς ἀρέσει
ἄς θυμηθοῦν καί δι'ἐμέ
ὀλίγο κοκκορέτσι

Σᾶς χαιρετῶ 'γαπητοί
φατε πιέτε καί γλεντᾶτε
στό κοκκινέλι του Καμπα
καί μέ μή μέ ξεχνᾶτε.........

Π. Ι. Ξ.

*Διασκεδάσετε καί σίς μέ
τίς φαντασίες μου - Καλόσας Πάσχα -*

EASTER GOOD WISHES   GROUP D   Version 2

44

54

ON THE POEM

In The Greek:
GERATIA

In The English:
GERIATRICS

Commentary:

In the European culture in the times of our father, men typically married late, what with fulfilling their compulsory military time and becoming established enough to properly support a wife and family. Our father was no exception to this way of doing things. He further added to the timetable by immigrating to America to hopefully improve on the timetable. Many of these immigrants intended to stay long enough to make a tidy amount of money, which would be significant in Greece, and then return to marry, acquire a home and begin a family. Many a plan like this was modified for one reason or another. In many cases America was the Promised Land, wherein once experienced, it was very difficult to go back to a life in Greece. So they stayed. Since most of the immigrants to America were single males, marrying a Greek woman became a serious problem. A small number came to America already married in Greece. One had to either go back to marry and return, marry by arrangement on the basis of a photograph of the woman in Greece who would come here, or marry a local non Greek woman of America. In the first scenario, not too many went back to marry and return. A large number married on the basis of a photograph. A significant number married non Greek women that they usually met in the restaurants where they worked or owned. Invariably they were the waitresses. Our father was one of those that returned to Greece in 1925 to visit and marry, after being here since 1910. He was then thirty-six years of age.

Because of the advanced age of the males in that social scape of Greece, who did not marry their contemporary but younger ones, there was a significant disparity in the age of the man and woman. Because of this big age disparity, the men often preceded their wives in death, leaving widows in black, who seldom re-married. In the rural areas of Greece where tradition is strong, one is struck by the mini society of black clad widows. This age disparity was the case with our mother and father. Our mother was twenty-four years of age when she married, with our father exceeding that by twelve years at thirty-six years of age.

With these givens, our father should have preceded our mother in death by a significant margin, barring the intervention of a fatal event. He did not precede our mother.

At the age of fifty-nine our mother died of cancer. Our father was seventy-one years old. Statistical assumptions would predict his demise within very few years after our mother's death. He outlived our mother by twenty years, dying at the age of ninety-one.

As the surviving spouse by twenty years, our father had the opportunity to reflect on many things in his life; people, situations, feelings, births, deaths. Already being an elderly seventy, he must have often thought about his geriatric status, present and unknown beyond the present.

The poem is a reference to the varied unfulfilled dreams and infirmities associated with one's geriatrics, and the very limited demand for any person of age, who is simply going from day to day. Headed toward his indeterminate terminus, a life lived.

Version 1 is apparently the original version of eleven stanzas. Version 2 is a re-typed version of 1 where he tidied up the format and signed it with his Greek initials. Version 3 is the previous versions except he added a stanza to twelve, and altered the format.

It will be noticed that Version 1 is on P.J. Xeros and Sons onionskin letterhead. This is representative of the era subsequent to our mother's death where our father was trying to get into another type of business when he had sold Victor Hat Works shortly after our mother died, to try something different. The idea of importing came when on one of his early trips to Greece, contrary to the odds, managed to get the representation in America for a line of wines called Boutari of the Naousa area of northern Greece. Boutari wines were almost unknown in America at that time. In spite of financial and age limitations he succeeded in promoting Boutari wines enough that his successors had a good opening to the American market. He was seventy-three years of age when he got the deal, and had it for a few years before having to give it up. He was constantly trying to develop a varied import business with the impressive P.J. Xeros and Sons on the letterhead, and the sub head in the upper left hand corner that he is the Exclusive Representative for John Boutari and Son of Naousa. Our father was the typical entrepreneur, looking for opportunities and market niches, and trying to fill them.

P. J. Xeros & Sons

GREEK IMPORTS

6116 Gaston Avenue

DALLAS, TEXAS 75214

Γηρατιᾶ

'Επέρασαν τά χρόνια
καί ἦλθεν ἡ ζωή,
νά κάμει τήν ἡμέρα
μαύρη καί ὁλοτινή

Σβύσανε τά ὄνειρα
καί ἡ φιλοδοξία
τά πλούτοι πού δέν κέρδισε
καί ἡ πλεονεξία

Ἡ μνύμη νά λατώνετε
καί τό μυαλό νά φθίρετε
νά μή μπορει γιά νά σκευθῆ
καί μορός νά γίνετε

Σβύσάνε τά ὄνειρα
ἐπάλιοσε τό σῶμα
τά δόντια του ἀρέοσαν
ὅλα εἰς τό στωμα

Τά μάτια νά μή βλέπουνε
τ' αὐτια νά μη ἀκουνε
των καμπάνων τή φωνή
ὅσο καί νά κτιπουνε

Νά καμπουργιάζ' ἡ μέση του
τά πόδια νά στρεκλουνε
καί τά παιδια της γειτονιᾶς
μ' αὐτωνε νά γελουνε

Φαραχλός νά γίνετε
χιονάτος στό κεφάκι
καί νά σκίψει δέν μπορει
γιατί τόν πιάν' ἡ ζάλη

Οἱ φίλιτου νά τόν ξεχνούν
ὅσοι ἔχουν μίνει
κυτάζωντας τ' άστρα τ' ούρανου
καί τήν λευκή σελήνη

Πλούτοι κ' ἄν ἐκπέρδισε
δέν ἔχουνε ἀξία
ὅλα τά βλέπει μάτεα
μ' ὅλη τήν σιμασία

Τρόγωντας τήν σούπατου
κ' ὅλο ζουμια νά πίνει
κ' ὀλιγό καστορόλαδο
νά τόν διευκολήνη

Τό ἄστρο τ' αὐγερινου
θάρρος νά του δίνει
τόν χαρο περιμένωντας
με τρομερει ὀδύνη.

GERIATRICS   Version I   47

57

Γηρατειά

'Επέρασαν τά χρόνια
καί ἦλθεν ἡ ζωη
νά κάμη τήν ἡμέρα
μαύρη καί σκοτινή

————

Σβύσανε τά ὄνειρα
καί ἡ φιλοδοξία
τά πλούτοι που δέν κέρδισε
καί ἡ πλεονεξία

————

Ἡ μνύμη νά λατώνετε
καί τό μυαλό νά φθίρετε
νά μή μπορη γιά νά σκευθη
καί μωρός νά γίνετε

————

Σβύσανε τά ὄνειρα
ἐπάλιοσε τό σωμα
καί τά δόντια ἀρέοσαν
ὅλα εἰς τό στωμα

————

Τά μάτια νά μή βλέπουνε
τ' αὐτια νά μή ἀκουνε
των καμπάνων τήν φωνή
ὅσο καί νά χτιπουνε

————

Νά καμπουργιάζ' ἡ μέση του
τά πόδια νά στρεκλουνε
καί τά παιδια της γειτωνιᾶς
μ' αὐτόνε νά γελουνε

————

Φαρακλός νά γίνετε
χιονάτος στό κεφάλι
καί νά σκίψη δέν μπορη
γιατί τόν πιαν' ἡ ζάλη

————

Οἱ φίλοι του νά τόν ξεχνούν
ὅσοι ἔχουν μείνη
κυτάζωντας τ' ἄστρα τ' οὐρανου
καί τήν λευκή Σελήνη

————

Πλουτοι κ' ἄν ἐκέρδισε
δέν ἔχουνε ἀξία
ὅλα τά βλέπη μάτσια
μέ ὅλη τήν σιμασία

————

Στά Ἥλιο- βασιλεύματα
κουράγιο νά μή ἔχη
γία ν' ἀπολαύσ' ὅτι ποτή
τάλληρα κ' ἄν ἔχη

————

Τρώγωντας τήν σούπατου
ὅλο ζουμια νά πίνη
κ' ὀλίγο καστο-ρόλαδο
νά τόν διευκολύνη

————

Τό ἄστρο του αὐγερινου
θαρρος νά του δίνη
τό χάρο περιμένωντας
μέ τρομερη ὀδύνη.....

Π.Ι.Ξ.
DALLAS TEX.

Γηρατειᾶ

Ἐπέρασαν τά χρόνια
καί ἦλθε ἡ ζωή,
νά κάμη τήν ἡμέρα
μαύρη καί σκοτινή
_____

Σβύσανε τά ὄνειρα
καί ἡ φιλοδοξία
τά πλούτοι ποα δέν κέρδισε
καί ἡ πλεονεξία
_____

Ἡ μνύμη νά 'λατώνετε
καί τό μυαλό νά φθίρεται
νά μή μπορή γιά νά σκευθη
καί μωρός νά γίνετε
_____

Σβύσανε τά ὄνειρα
ἐπάλιοσε τό σώμα,
καί τά δόντια ἀρέοσαν
ὅλα εἰς τό στώμα
_____

Τά μάτια γά μή βλέπουνε
τ' αὐτιά γά μήν ἀκούνε
των καμπάνων τήν φωνή
ὅσο καί νά κτιπουνε
_____

Νά καμπουργιάζ' ἡ μέση του
τά πόδια νά στρεχλούνε
καί τά παιδιά της γειτωνιας
μ' αὐτόνε νά γελουνε
_____

Φαρακλός νά γένετε
χιονατος στί κεφάλη
καί γά σκίψη δέν μπορή
γιατί τόν πιάν ηζάλη
_____

Οἱ φίλοι του νά τόν ξεχνοῦν
ὅσοι ἔχουν μέινη
κυτάζωντας τ' ἄστρα τ' ουρανοῦ
καί τήν λευκή Σελίνη
_____

Πλούτοι κ' ἄν ἐκέρδισε
δέν ἔχουνε ἀξία
ὅλα τά βλέπη μάταια
μ' ὅλην τήν σιμασία
_____

Στό Ἥλιο-Βασίλεμα
κουράγιο νά μήν ἔχη
ν' ἀπολαύση ὅτι ποθῆ
τάλληρα κ' ἄν ἔχη
_____

Τρώγωντας τήν σούπατου
ὅλο ζουμια νά πίνη
κ' ἰλίγο καστο-ρόλαδο
νάττόν διευκολίνη
_____

Τό ἄστρο του αὐγερινοῦ
θάρρος γά του δόνη
τό χάρο περιμένωντας
μέ τρομερη οδήνη
_____

Π.Ι.Ξ.
DALLAS TEX

ON THE POEM

In The Greek:
I MNIMI SOU AS INE EONIA

In The English:
YOUR MEMORY BE ETERNAL

Commentary:

Of all of our father's poems in this collection, this one surely epitomizes all of the poet characteristics in him. It is an emotional poem, our father's specialty. It is written on a shabby piece of paper reflecting on the instant compulsion to write it. It is written very nearly extemporaneously. It is in his original hand writing. It is intended for a specific recipient as an expression of how he felt about our mother. There are no subsequent versions. It was simply a one time event with everything about our father and his poetry rolled into one work.

An additional uniqueness of this poem is that it came back to us many years after our father had died, from a son of our former parish priest. In addition to that provenance, the reverse side of the poem contains the "cover letter" to the recipient. Typical of our father; why have a separate piece of paper as the cover letter when one can simply write on the back of the same sheet of paper.

The recipient of this poem was our parish priest of the World War II years and very shortly thereafter, named Kostas (Constantine) Poulakidas. In one of those unexplained coincidences, he was from Greece originally, and from the same village as our mother, Hora of Tifilias, Messinia. Their ancestral homes were only two or three houses apart. Our mother did not know of his presence in America until his assignment to our parish. Our mother had left Greece in 1926. Father Poulakidas had only come to America shortly before the war. He was much younger than our mother so he must have been a young boy when our mother left Greece as a bride for America.

Subsequent to Dallas, Father Poulakidas was assigned to another parish. He stayed in touch for many years mainly via Christmas and Easter greetings.

When our mother died many years later, our father had apparently corresponded with Father Poulakidas that our mother had died. Sometime thereafter, he wrote this poem about our mother exclusively for Father Poulakidas. Mother had died August 20, 1960. His cover letter for the poem is dated January 31, 1961. Our father was then seventy-two years old.

Many years later, approximately 1999, Father Poulakidas died in Arizona. Apparently, his children, when going through their father's personal effects and papers, saw this correspondence and poem. His son Andrew, sent the letter and poem to a person in our parish to give to someone in the Xeros family. The poem came full circle to come home again to become a part of this collection of our father's poems.

The cover letter reads:

Dear Father Constantine

In the midst of my loneliness and my monotony, thoughts of you came to mind and I decided to write you these few words.

Physically I feel well enough, mentally not so, and for that reason I have decided to make a trip to Greece, with the hope that the pain will be softened, so as to somehow recover somewhat.

I am not very prepared for the trip because there also I will have other memories. In spite of such, I still feel I must do it regardless.

I depart by air on the fourteenth of March, and my return is as yet undetermined. I will endeavor to write you from there if my letters will be good ones.

To Presbytera and the children convey my fatherly embraces.

     With esteem,

     P.J. Xerokostas

As for the poem, the five "stanzas", as they are, do not have a consistent number of lines, ranging from four to six.

The first two stanzas read:

When I matured and came of age with hopes and dreams
I embarked to find happiness
Oceans I crossed, fields and forests
No woman before my eyes gave me permission

And in my anguish and in my despair
You HELEN appeared before me like a Saint
You accepted me to your embrace with all your sacrifice
You gave me bravery and heart in all of the signs
You gave me comfort as an Angel of the Creator
You presented me a new life to me the immigrant

The last stanza reads:

I never would have believed I would lose you like this
To be at peace I cannot, neither to forget you
You left me much emptiness maybe as punishment
Forgive me the sinner Helen my Saint
To the Almighty I Beg your memory be ETERNAL

815, Clermont
Sacramento, Calif. Jan 31-61

Αγαπητέ Πάτερ Κωνσταντίνε

Μέσα στη μοναξιά και στη μονοτονία που μού ήλθες εις τον νούν μου και αποφάσισα να σού γράψω αυτές τις ολίγες γραμμές.

Σωματικώς εσθάνομαι καλά, ψυχολογικώς όχι, και γι' αυτό αποφάσισα να κάμω το ταξίδι για την Ελλάδα με την ελπίδα ότι θα μού μετριάσει τον πόνον ή κάπως να ξεσκάσω,

Δεν είμαι και τόσον αισιόδοξη για το ταξίδι μου αυτό, διότι και εκεί θα έχω άλλες αναμνήσεις, βλέπω όμως ότι πρέπει να το κάμω ανεξαρτήτως.

Αναχωρώ ατμοπλοϊκώς στις 14 Μαρτίου, η δε διαμονή μου εκεί είναι αόριστος, θα προσπαθήσω να σου γράψω κι από εκεί εάν τα πράγματα είναι καλά.

Στην Πρεσβυτέρα και σε όλα τα παιδιά δίδε τους πατρικούς μου ασπασμούς.

Με εκτίμηση

Π. Ξηρόπουλα

THE COVER LETTER

Πρὸς σὲ τὴν μετανάστρια

Ἡ μνήμη σου ἂς εἶναι αἰωνία

Ὅταν καὶ ἐγὼ μεγάλωσα καὶ ἦλθα σὲ ἡλικία
μ' ἐλπίδες καὶ μὲ ὄνειρα
ξεκίνησα νὰ πάω νὰ βρῶ, τὴν εὐτυχία
μικρανός ἐπέρασα, κυλάδια, καὶ ζαμιάδια
καμιὰ μπροστὰ στὰ μάτια μου, δὲν μοῦδωκε, τὴν ἄδεια

Καὶ μὲ στὴν ἀγωνία μου, καὶ στὴν ἀπελπισία
ἐσὺ ΕΛΕΝΗ βρέθηκες, ἐμπρός μου σὰν Ἁγία
μὲ δέχθηκες στὴν ἀγκαλιά, μὲ ὅλη τὴν θυσία
μοῦ ἔδωσες θάρρος καὶ καρδιά, εἰς ὅλα τὰ σημεῖα
μοῦ ἔδωσες, παρηγοριά, σὰν, ἄγγελος τοῦ πλάστου
μοῦ χάρησες νέα ζωή, ἐμέ τοῦ ΜΕΤΑΝΑΣΤΟΥ —

Ἐτάχθης στὸν ἀγῶνα μου, καὶ στὴν ταλαιπορία
σὰν φάρος στὸν ὠκεανό, ἐστάθης τὸ ἀγωνία
ἐπάλεψες ἀδρόμητα, σὰν ἄλλη Μπουμπουλίνα
τὸ ποιόν μ' ἀγαπούσες, σὲ κάθε τρικυμία,
φιλόστοργος, κι πάντα στάθης, εἰς τὸν προορισκό σου
τὰ μάτια μου δακρύζουντε, μπροστὰ στὸ πρόσωπό σου

Σὲ σένα ὀφείλω πολλά, ποῦ σέχα κρυφὸ καμάρη
χωρὶς καμιὰ ἐξέργεβη, ὅταρα, ἀπεφάσισε, καμιὰ μου νά σέ πάρη
τα μοῦ πληγώθη τὴ καρδιά, γιὰ πάντα στὴ ζωή μου
νὰ μὴ χάρη πλέον ποτέ, ἡ ἄμοιρη ψυχή μου
ἡ μοίρα μέ ἐδίκασε, ἐμέ τὸν Παναγιώτη
νὰ μου πικράνη τὴν καρδιά, ὁ θάνατος, νά πάρη σένα πρώτη

Ποτέ μου δὲν ἐπίστευα, πῶς ἔτσι θὰ σὲ χάσω
νὰ ἠδικάσω δὲν ἠμπορῶ, οὔτε νὰ σὲ ξεχάσω
πολλὰ μοῦ ἄφισες κενά, ἴσως γιὰ τιμωρία
συγχώρεσέ μου τὸν ἁμαρτωλό, ΕΛΕΝΗ μου Ἁγία
τὸν Ὕψιστο παρακαλῶ, ἡ μνήμη σου να εἶναι — ΑΙΩΝΙΑ

THE POEM

YOUR MEMORY BE ETERNAL   Version 1
....

ON THE POEM

In The Greek:
STIN HARA POU ENOISA

In The English:
TO THE JOY THAT I FELT

Commentary:

After being bedridden for most of a year, our mother Helen died in 1960, from her demeaning and cruel bout with cancer. In the latter months she was essentially in a coma. This whole episode took a terrible toll on the whole family, mainly our father.

This poem, written after she died, is a love story poem, of how they met and the emotions of their thirty-five years together.

The numerous versions are a testimonial to his emotional pre-occupation with her death, essentially perpetuating the event by re-visiting her memory via yet another version to this memorial love poem. It is a reasonable certainty that this series of versions obviously spanned several years after the original version which was probably written in 1960 or 1961. Even the last version was marked for revision yet again.

Again, in Version 10, we see his use of the P.J. Xeros and Sons onionskin letterhead, except it has been modified with typing strikeovers. The Boutari thing was no more, and the "Sons", for some reason have been expunged. The huge house at 6116 Gaston had been sold with his new address being an apartment at the 2407 Abrams address near the Lakewood area shopping center.

Στήν χαρά πού ἔνοιωσα

Τήν χαρά πού ἔνοιωσα
στά νιάτα της ζωῆς μου
τόν ἔρωτα μιᾶς κοπελιᾶς
πού μπῆκε στήν ψυχήμου

Ἀπό μακριά τήν εἴδανε
τά μάτια τῆς καρδιᾶς μου
τόν ἔρωτα ἐστάνθηκα
μέ στά σωθικά μου

Σάν Ἀγγελο τήν γνώρισα
στόν νοῦμου γιά μή βγένη
τῆς Σπάρτης ἡ Βασίλισσα
ἡ ὄμορφη Ἑλένη

Τό προσωπότης ἔλαμπε
γεμάτο ἀπό χάρη
ἡ ὀμορφιά της εἴτανε
τῆς Χώρας τό καμάρι

Σάν τήν ἐπλησίασα
κοντά νά τήν γνωρίσω
μούπανε τά μάτια μου
νά μή ὑποχωρίσω

Κ'ὅταν κοντά τήν εἴδανε
τά μάτια τῆς ζωῆς μου
τῆς εἴπανε τό μιστικό
πού νοιώθη ἡ ψυχή μου

Εἰς τήν ματιά πού ἔδωσα
νά νοιόση ἡ ψυχήτης
τ'αἰσθήματα μου ἄκουσε
νά γίνω ἔραστης της

καί σάν τήν ἐπλησίασα
κοντά στό προσωπώτης
τῆς εἴπανε τά μάτια μου
θέλω νά γίνω δικός της

Τά μάτια μου τῆς εἴπανε
τόν ἔρωτα πού νοιώθω
καί στήν καρδιά της πέρασε
τό μιστικό......στόν στόχο

Ὁ ἔρωτάς μου ἔγινε
ἔρωτας δικός της
καί στήν καρδιά της ἔτρεφε
αὐτό μιστικό της

Στήν πρόταση πού πρόβαλα
νά τήν ἐρωτίσω
πολλύ ἐμπόδεια πρόβαλαν
νά μή τήν ἀποκτίσω

Ὅμως στήν ἀγάπη μας
πό ἡ μοῖρα δέν ἀφίνη
ὅλα τά πολέμισε
ὁ Γάμος γιά νά γίνη

Χρόνια τριάντα καί πέντε ἔζησα
ζωή εὐτυχισμένη
καί τώρα μ'ἐγκατέληψε
ἡ λατρευτή μ' Ἑλένη

Ὁ χάρος μέ ἐζήλευσε
ὁ ἄπονος σατράπης
κ'μου τήν πῆρε ἔνα πρωΐ
μακριά ἀπ'τά παιδιά της

Ὁ χάρος μοῦ τήν κοίμισε
βαργια γιά νά κοιμᾶτε
νά μή ξυπνίση πιά ποτέ
καί μέ νά μή θυμᾶτε

Μέ ἄφισε μέ τούς και μούς
μέ πίκρα ἐως ἄνω
καί δέν μπορῶ νά βρῶ
φάρμακο γιά νά γιάνω

Π. Ἰ. Ξ.
DALLAS TEX.

Στήν χαρά πού ἔνοιοσα

Τήν χαρά πούἔνοιοσα
στά νιάτα της ζωης μου
τόν ερωτα μιας κοπελιας
πού μπηκε στήν ψυχήμου

Ἀπό μακριά τήν εἴδανε
τά μάτια της καρδιας μου
τόν ἔρωτα ἐστάνθικα
μέ στά σωθικά μου

Σάν Ἀγγελο τήν γνώρισα
στόν νοῦμου γα μή βγένη
της Σπάρτης ἡ Βασίλισσα
ἡ ομορφη Ελένη

Τό προσοπότης ἔλαμπε
γεματο ἀπό χάρη
ἡ ομορφιά της εἴτανε
της Χώρας το καμάρι

Σάν τήν ἐπλισίασα
κογτά νά τήν γνωρίσω
μούπανε τά μάτια μου
νά μή ὑποχορίσω

Κ'ὅταν κοντά τήν εἴδανε
τά μάτια της ζωης μου
της ειπανε τό μιστικό
πού νοιόθη ἡ ψυχή μου

Εἰς τήν ματιά πού ἔδωσα
νά νοιόση ἡ ψυχήτης
τ'αἰσθηματα μου ἄκουσε
νά γίνω ἐραστης της

καί σάν τήν ἐπλισίασα
κοντιά στό προσόπωτης
της εἴπανε τά μάτια μου
θέλω νά γινω δικός της

Τά μάτια μου της εἴπανε
τόν ἔρωτα που νοιόθω
καί στήν καρδιά της πέρασε
τό μισικό......στόν στόχο

Ὁ ἔρωτάς μου ἔγινε
ἔρωτας δικός της
καί στήν καρδιά της ἔτρεφε
αὐτό μιστικό της

Στήν πρόταση πού πρόβαλα
νά τήν ἐρωτίσω
πολλύ ἐμπόδεια πρόβαλαν
νά μή τήν ἀποκτίσω

Ὅμως στήν ἀγάπη μας
πό ἡ μοιρα δέν ἀφίνη
ὅλα τά πολέμισε
ὁ Γάμος γιά νά γίνη

Χρόνια τριάντα καί πέντε ἔζησα
ζωη εὐτυχισμένη
καί τώρα μ'ἐγκατέλιψε
ἡ λατρευτή μ' Ελένη

Ὁ χάρος μέ ἐξήλευσε
ὁ ἄπονος σατράπης
κ'μου τήν πηρε ἔνα πρω ί
μακριά ἀπ'τά παιδιά της

Ὁ χάρος μοῦ τήν κοίμισε
βαργια γιά νά κοιματε
νά μή ξυπνίση πια ποτέ
καί μέ νά μή θυματε

Μέ ἄφισε μέ τούς και μούς
μέ πίκρα εως ἄνω
καί δέν μπορω νά βρῶ
φάρμακο γιά νά γιάνω

Π. Ἱ. Ξ.
DALLAS TEX.

Στήν χαρά πού ἔνοιοσα

Τήν χαρά πού ἔνειωσα
στά χρόνια τῆς ζωῆς μου
τόν ἔρωτα μιᾶς κοπέλιας
πού μπῆκε στήν ψυχή μου

'Από μακριά τήν εἴδανε
τά μάτια τῆς καρδιᾶς μου
τόν ἔρωτα ἐστάνθηκα
μέ στά σωθικά μου

Σάν 'Αγγελο τήν γνώρισα
στόν νοῦμου γα μή βγένη
τῆς Σπάρτης ἡ Βασίλισα
ἡ Ὄμορφη Ἑλένη

Τό προσωπό της ἔλαμπε
γεμάτο ἀπό χάρη
ἡ ὀμορφιά της ἤταγε
τῆς Χώρας τό καμάρη

Σάν τήν ἐπλισίασα
κοντά νά τήν γνωρίσω
μοῦπανε τά μάτια μου
νά μή ὑποχορίσω

Κ' σάν κοντά τήν εἴδανε τ
τά μάτια τῆς ζωῆς μου
τῆς εἴπανε τό μιστικό
πού νειόθη ἡ ψυχή μου

Εἰς τήν ματιά πού ἔδωσα ν'
νά νειόση ἡ ψυχή της
τ' αἰσθίματά μου ἄκουσε
νά γίνω ἐραστή της

Καί σάν τήν ἐπλισίασα
κοντά στό προσωπό της
τῆς εἴπανε τά μάτια μου
θέλω νά γίνω δικός της

Τά μάτια μου της εἴπανε
τόν ἔρωτα πού νειόθω
καί στήν καρδιά της πέρασε
τό μιστικό---στόν στόχο

'Ο ἔρωτάς μου ἔγινε
ἔρωτας δικός της
καί στήν καρδιά της ἔτρεφε
αὐτό τό μιστικό της

Στήν πρώταση πού πρόβαλα
νά τήν ἐρωτίσω
πολλά ἐμπόδεια πρόβαλαν ν'
νά μή τήν ἀποκτίσω

'Ομως στήν ἀγάπη μας
π' ἡ μοίρα δέν ἀφίνη
ὅλα τά πολέμισε
ὁ γάμος γιά νά γίνη

Χρόνια τριάντα καί πέντε ἔζησα
ζωή εὐτυχισμένη
καί τώρα μ' ἐγκατέλιψε
ἡ λατρευτή μ' Ἑλένη

'Ο χάρος μέ ἐζήλευσε
ὁ ἄπονος σατράπης
κ'μου τήν πῆρ' ἔνα πρωΐ
μακριά ἀπ' τά παιδιά της

'Ο χάρος μου τήν κύμησε
βαρύγια γιά νά κοιμᾶτε
νά μή ξυπνήση πιά ποτέ
καί μέ νά μή θυμᾶτε

Μέ ἄφισε μέ τούς καϊμούς
μέ πίκρα ἕως ἄνω
καί δέν μπορῶ νά βρῶ
φάρμακο γιά νά γιάνω

Π. Ι. Ξηρόκωστας
DALLAS TEX

[handwritten notes, illegible]

Στήν χαρά πού ἔνοιοσα

Τήν χαρά πού ἔνοιωσα
στά νειάτα τῆς ζωῆς μου
τόν ἔρωτα μιᾶς κοπέλιας
πού μπῆκε στήν ψυχή μου

Ἀπό μακριά τήν εἴδανε
τά μάτια τῆς καρδιάς μου
τόν ἔρωτα ἐσθάνθικα
μέ στά σωθικά μου

Σάν Ἄγγελο τήν γνώρισα
στόν νοῦμου νά μηβγένη
τῆς Σπάρτης ἡ βασίλισσα
ἡόμορφη Ἐλένη

Τό προσωπότης ἔλαμπε
γεμάτο ἀπό χαρη
ἡ ὁμορφια της εἴτανε
τῆς Χώρας τό καμάρι

Σ"αν τήγεπλισώσα
κοντά νά τήν γνωρίσω
μούπανε τά μάτια μου
νά μή ὑποχορίσω

Κοντά ὅταν τήν εἴδανε
τά μάτια τῆς ζωῆς μου
τῆς εἴπανε τό μυστικό
πού νοιόθη ἡ ψυχή μου

Εἰς τήν ματιά πού ἔδωσα
νά νοιόση ἡ ψυχή της
τ'αἰσθήματά μου ἄκουσε
νά γίνω ἐραστης της

Τά μάτια μου τῆς εἴπανε
τόν ἔρωτα που γοιόθω
καί στήν καρδιά της πέρασε
τό μυχτικό αὐτό στόν στόχο

Τῆς εἴπανε τά μάτια μου
πως τήν ψυχή μου δίνω
νά μήμε ἀρνυθῆ αὐτή
δικός της για νά γύνω

Ὁ ἔρωτάς μου ἔγινε
ἔρωτάς δικός της
καί στήν καρδιά της ἔτρεφε
αὐτό τό μυστικό της

Στήν πρώταση πού πρόβαλα
νά τήν ἐρωτίσω
πολλά ἐμπόδεια πρόβαλαν
νά μή τήν ἀποκτίσω

Ὄμως στήν ἀγάπη μας
π'ἡ μοίρα δέν ἀφίνη
ὅλα τά πολέμισε
ὁ γάμος για νά γίνη

Τριάντα καί πέντε χρόνια ἔζησα
ζωή εὐτυχισμένη
καί τώρα μ'ἐγκατέλειψε
'η λατρευτή μ'Ἐλένη

Ὁ χάρος μέ ἐζήλεψε
ὁ ἄπονος σατράπης
καί μου τήν πῆρε ἕνα πρωΐ
μακριά ἀπ'τά παιδιά της

Ὁ χάρος μοῦ τήν κοίμησε
βαργιά για νά κοιμᾶτε
νά μή ξυπνίση ποια ποτέ
καί μέ νά μή θυμᾶτε

Μέ ἄφισε μέ τούς καυμούς
μέ πίκρα ἕως ἄνω
καί δέν μπορω νά βρῶ
φάρμακο για νά γιάνω

Π. Ἰ. Ε.
DALLAS TEX

Στήν χαρά πού ἔνοιωσα

Τήν χαρά πού ἔνοιωσα
στά νειάτα της ζωῆς μου
τόν ἔρωτα μιας κοπελιάς
που μπῆκε στήν ψυχή μου

Ἀπό μακρία τήν εἴδανε τά μ
τά μάτια της της καρδιάς μου
τόν ἔρωτα ἐσθάνθικα
μέ στά σωθικά μου

Σάν Ἄγγελο τήν γνώρισα
στόν νοῦμου νά μή βγένη
της Σπάρτης ἡ βασίλισσα
ἡ ὄμορφη Ἑλένη

Τό προσωπότης ἔλαμπε
γεμάτο ἀπό χαρη
ἡ ὁμορφιά της εἴτανε
της Χώρας τό καμάρι

Σάν τήν ἐπλισία σα
κοντά νά τήν γνωρίσω
μούπανε τά μάτια μου
νά μή ἀποχορίσω

Κοντά ὅταν τήν εἴδανε
τά μάτια της ζωῆς μου
της εἴπανε τό μυστικό
που νοιόθη ἡ ψυχή μου

Εἰς τήν ματιά πού ἔδωσα
νά νοιόθη ἡ ψυχήτης
τ'αἰσθιματά μου ἄκουσε
νά γίνω ἐραστης της

Τά μάτια μου της εἴπανε
τόν ἔρωτα που νοιόθω
καί στήν καρδιά της πέρασε
τό μυστικό αὐτό στόν στόχο

Της εἴπανε τά μάτια μου
πως τήν ψυχή μου δίνω
νά μή μέ ἀρνηθῆ αὐτή
δικός της γιά νά γίνω

Ὁ ἔρωτάς μου ἔγινε
ἔρωτας δικός της
καί στήν καρδιά της ἔτρεφε
αὐτό τό μυστικό της

Στήν πρώταση που πρόβαλα
νά τήν ἐρωτίσω
πολλά ἐμπόδεια πρόβαλαν
νά μή τήν ἀποκτίσω

Ὅμως στήν ἀγάπη μας
π ἡ μοίρα δέν ἀφίνη
ὅλα τά πολέμισε
ὁ γάμος γιά νά γίνη

Τριάντα καί πέντε χρόνια ἔζησα
ζωή εὐτυχισμένη
καί τώρα μ'ἐγκατέλειψε
ἡ λατρευτή μ'Ἑλένη

Ὁ χάρος μέ ἐζήλεψε
ὁ ἄπονος σατράπης
καί μου τήν πηρε ἔνα πρωΐ
μακριά ἀπ'τά παιδιά της

Ὁ χάρος μου τήν κοίμησε
βαργια γιά νά κοιμᾶτε
νά μή ξυπνίση ποια ποτέ
καί μέ νά μή θυμᾶτε

Κἔ ἄφισε μέ τούς καυμούς
μέ πίκρα ἕως ἄνω
καί δέν μπορῶ νά βρῶ
Φάρμακο γιά νά γιάνω

Π. Ι. Ξ
DALLAS TEX.

Οἱ παποῦδες καί μπαρμπάδες
—ͺ————————

Ὁ παππούς καί ὁ μπαρμπούλης
τῆς Ἀμερικῆς γερούλης
στήν Ἑλλάδα θέ νά πάη
τούς δικούς του γιά νά δῆ
πού πολύ τούς ἀγαπάη
Ἀδελφούς καί Ἀδελφές,
ἀνεψιούς καί ἀνεψιές
Ὅλη τώρα τό μαθαίνουν
μέ χαρά τόν περιμένουν
κι ὅλοι ἐξορμοῦν μέ φόρα
νά ἀπολαύσει ~~ὁ καθείς~~ τά δῶρα.
Ὅλοι ἀγάπη τοῦ προσφέρουν
μήπως καί τόν καταφέρουν
νά τόν κάνουνε δικό τους
ἕως πιάσουν τόν σφιγμό του
Ἄν προσφέρῃ ρολόγια καί δολλάρια
πέφτουν ὅλοι σάν λιοντάρια.
τόν παποῦλη καί θειούλη
νά τόν φᾶνε ὅλοι.
τοῦ προσφέρουν μαξιλάρια
προκειμένου γιά δολλάρια.
μέ τήν κούρσα τόν γυρίζουν
ἀφθονία ἄν μυρίζουν
κι ἄν τά δῶρα δέν ἀρκέσουν
ἕτοιμοι γιά νά τόν δέσουν.
Οἱ παποῦδες κι οἱ μπαρμπάδες
τί τραβοῦν οἱ φουκαράδες.

THOSE GRANDFATHERS AND UNCLES   Version 3   *92*

Στήν χαρά πού ἔνοιοσα

Τήν χαρά πού ἔνοιοσα
στά νειάτα τῆς ζωῆς μου
τόν ἔρωτα μιᾶς κοπελιᾶς
πού μπῆκε στήν ψυχή μου

Ἀπό μακριά τήν εἴδανε
τά μάτια τῆς καρδιᾶς μου
τόν ἔρωτα εσθάνθικα
μέ στά σωθικά μου

Σἄν Ἄγγελο τήν γνώρισα
στόν νοῦμου γα μηβγένη
τῆς Σπάρτης, ἡ βασίλισσα
ἥμορφη Ἑλένη

Τό προσωπότης ἔλαμπε
γεμάτο ἀπό χάρη
ἡ ὀμορφια τῆς εἴτανε
τῆς Χώρας τό καμάρι

Σ"αν τήνἔπλισε σα
κοντά νά τήν γνωρίσω
μοῦπανε τά μάτια μου
νά μή ὑποχορίσω

Κοντά ὅταν τήν εἴδανε
τά μάτια τῆς ζωῆς μου
τῆς εἴπανε τό μυστικό
πού νοιόθη ἡ ψυχή μου

Εἰς τήν ματιά πού ἔδωσα
νά νοιόση ἡ ψυχή τῆς
τ'αἰσθηματά μου ἄκουσε
νά γίνω ἐραστης τῆς

Τά μάτια μου τῆς εἴπανε
τόν ἔρωτα πού νοιόθω
καί στήν καρδιά τῆς πέρασε
τό μυχτικό αὐτό στον στόχο

Τῆς εἴπανε τά μάτια μου
πως τήν ψυχή μου δίνω
νά μήμε ἀρνυθη αὐτή
δικός τῆς γιά νά γίνω

Ὁ ἔρωτάς μου ἔγινε
ἔρωτάς δικός τῆς
καί στήν καρδιά τῆς ἔτρεφε
αὐτό τό μυστικό της

Στήν πρώτασῃ πού πρόβαλα
νά τήν ἐρωτίσω
πολλά ἐμπόδεια πρόβαλαν
νά μή τήν ἀποκτίσω

Ὅμως στήν ἀγάπη μας
π ἡ μοίρα δέν ἀφίνη
ὅλα τά πολέμισε
ὁ γάμος γιά νά γίῃ

Τριάντα καί πέντε χρόνια ἔζησα
ζωῆ εὐτυχισμένη
καί τώρα μ'ἐγκατέλειψε
ἡ λατρευτή μ' Ἑλένη

Ὁ χάμος μέ ἐζήλεψε
ὁ ἄπονος σατράπης
καί μου τήν πηρε ἔνα πρω ί
μακριά ἀπ τά παιδιά τῆς

Ὁ χάρος μου τήν κοίμησε
βαργια γιά νά κοιμᾶτε
νά μή ξυπνιση ποια ποτέ
καί μέ νά μή θυμᾶτε

Μέ ἄφισε μέ τούς κα υ μούς
μέ πίκρα ἔως ἄνω
καί δέν μπορω νά βρω
φάρμακο για νά γιάνω

Π. Ἱ. Ξ.
DALLAS TEX

β δγλλε

THE JOY THAT I FELT   Version 7   63

Στήν χαρά πού ἔνοιοσα

Τήν χαρά πού_ἔνοιωσα
στα χρόνια της ζωης μου
τόν ερωτα μιας κοπελιας
που μπηκε στήν ψυχή μου

Ἀπό μακριά_τήν εἶδανε τ
τά μάτια της καρδιας μου
τόν ερωτα ἐστάνθικα
μέ στάσωθικά μου

Σάν Ἄγγελο τήν γνώρισα
στόν νου μου νά μή βγένη
της Σπάρτης ἡ Βασίλισσα
ἡ ὄμορφη Ἐλένη

Τό προσωπότης ἔλαμπε
γεματο ἀπό χάρη
ἡ_ὀμορφιάτης ἦταγε
της χώρας τό καμάρη

Σάν τήν ἐπλισίασα
κοντά νά τήν γνωρίσω
μούπανε τά μάτια μου
νά μή ὑποχορίσω

Εἰς τήν ματιά πού ἔδωσα
νά νοιόση ἡ ψυχήτης
τ᾽αἰσθιματά μου ἄκουσε
νά γίνω ἐραστήστης

Κ᾽σάν κοντά τήν_εἶδανε τ
τά μάτια της ζωης μου
της ειπανε τό μισττικό
που νοιόθη ἡ ψυχή μου

Κ᾽ὅταν τήν πλησίασα
κοντά στό προσοπότης
της εἶπανε τά μάτια μου
θέλω νά γίνω δικός της

Τά μάτια μου_της εἶπανε
τόν ερωτα που γοιόθω
καί στήν καρδιά της πέρασε
τό μιστικό....στόν στόχο

Ὁ ἐρωτάς μου ἔγινε
ἐρωτας δικός της
καί στήν καρδιά της ἔτρεφε
αὐτό τό μιστικότης

Στήν πρώτασα πού πρόβαλα
νά τήν ἐρωτίσω
πολλά ἐμπόδεια πρόβαλαν
νά μή τήν ἀποκτίσω

Ὄμως στήν ἀγάπη μας
π᾽ ἡ μοίρα δέν ἀφίνη
ὄλα τα πολέμισε
ὁ γάμος για νά γίνη

Χρόνια τριάντα καί πέντε ἔζησα
ζωη εὐτυχισμένη
καί τώρα μ᾽ἐγκατέλιψε
ἡ λατρευτή μ᾽Ελένη

Ὁ χάρος μέ ἐζήλευσε
ὁ ἄπονος σατράπης
κ᾽μου τήν πηρ᾽ἔνα πρω ι
μακριά ἀπ᾽τα παιδιά της

Ὁ χάρος μου τήν κύμησε
βαργια για νά κυματε
νά μή ξυπνίση πια ποτέ
καί μέ νά μή θυματε

μέ ἄφισε μέ τούς κα ι μούς
μέ πίκρα ἐως_ἄνω
καί δέν μπορω νά βρῶ
φάρμακο για νά γιάνω

Π.᾽Ι.Ξ.
DALLAS TEX

Στήν Χαρά πού ἔνοιοσα

Τήν χαρά πού ἔνοιοσα στά χρόνια τῆς ζωῆς μου
τόν ἔρωτα μιας κοπελιας που μπηκε στην ψυχή μου

ἀπό μακριᾶ τήν εἴδανε τά μάτια τῆς καρδιᾶς μου
τόν ἔρωτα εστάνθικα μέ στά σοθικα μου

Σάν ἄγγελο τήν γνώρισα στόν νοῦμου νά μή βγένει
της Σπάρτης ἡ βασσίλισα ἡ ὅμορφη Ἑλένη

Τό προσοπότης ἔλαμπε χεμᾶτο ἀπό χάρη,
ἡ ὀμορφια της ἤτανε της χώρας τό καμάρι

Σάν τήν ἐπλησίασα κοντά νά τήν γνωρίσω
μοῦπανε τά μάτια μου νά μή ὑποχορίσω

στήν ματιᾶ πού ἔδωσα νά νοιόρη ἡ ψυχή της
τό αἴσθημά μου ἄκουσε πως εἰμαι ἐραστής της

Τίς εἴπανα τά μάτια, μου πῶς τήν ψυχή μου
νά μή ἀρνηθει ποτέ δικός της για νά γίνω

Τά μάτια μου τῆς εἴπανε τόν ἔρωτα πού νοιώθω
καί στήν καρδια της πέρασε,σάν κεραυνός τό μιστυχό στόν στόχο

Ὁ ἐρωτᾶς μου ἔχινε κ'ἔρωτας διχός της
καί στήν καρδια της βετρεφε αὐτό τό μοστιχό της
Στήν πρόταση που πρόβαλα νά τήν ἐρωτίσω,
πολλά ἐμπόδεια πρόβαλαν νά μή τήν ἀποκτόσω

ὅμως στήν ἀγάπη μας πού ἡ μοίρα δέν ἀφίνει
ὅλα τά πολέμισε διχη μου για νά γίνη

Χρόνια τριάντα καί πέντε ἔζησα ζωῆ εὐτυχισμένη
καί τωρα μ'ἐγκατέληψε ἡ λατρευτή μου Ἑλένη

Ὁ χάρος μέ ἐζήλευσε ὁ ἄπογος σατράπης,
καί μου τήν πηρε ενα πρω ι μακρια ἀπ'τά παιδιᾶ της

Ὁ χάρος μοῦ τήν κοίμησε βαργιᾶ για νά κοιμᾶτε
νά μή ξυπνήσει πια ποτέ καί μέ νά μή θυμᾶτε

Μέ ἄφισε μέ τούς κα ι μούς καί πίκρα ἔως ἄνω
καί δέν μπορω νά βρω φάρμακο για νά γιάνω.....

THE JOY THAT I FELT   Version 9   65

P. J. Xeros & Sohs
GREEK IMPORTS
6116 Gaston Avenue   2407 ABRAMS. APT. A
DALLAS, TEXAS 75214

Στήν Χαρά πού ἔνοιοσα

Τήν χαρά πού ἔνιοσα στά χρόνια της ζωῆς μου
τόν ἔρωτα μιας κοπελιας που μπηκε στήν ψυχή μου

Ἀπό μακριά τήν εἶδανε τά μάτια της καρδιάς μου
τόν ἔρωτα ἐσθάνθικα μεσταθικα μου
                    με στα εσθιμα μου

Σάν Ἄγγελο τήν γνώρισα στόν νοῦμου γά μή βγένη
της Σπαρτης ἡ βασίλισα, ἡ ὄμορφη Ἐλένη

Τό προσοπότης ἔλαμπε γεμᾶτο ἀπό χάρη
ἡ ὀμορφιά της ἤτανε της χώρας τό καμάρι

Σάν τήν ἐπλησίασα κοντά νά τήν γνωρίσω
μούπανε τά μάτια μου νά μή ὑποχωρίσω

Στήν ματιά πού ἔδωσα νά νοιώση ἡ ψυχή της
τό αἴσθημά μου ἄκουσε πως εἰμαι ἐραστης της

Τῆς εἶπανε τά μάτια μου πῶς τήν ψυχή μου δίνω
νά μή με ἀρνηθει ποτέ δικός της για νά γίνω

Τά μάτια μου τῆς εἶπανε τόν ἔρωτα πού νοιόθω
καί στήν καρδιά της πέρασε, σάν κεραυνός, τό μιστικό στόν στόχο

Ὁ ἔρωτάς μου ἔγινε ἔρωτας δικός της
καί στήν καρδιά της ἔτρεφε αὐτό τό μιστικότης

Στήν πρότασση πού πρόβαλα γά τήν ἐρωτίσω,
πολλά ἐμπόδεια πρόβαλαν νά μή τήν ἀποκτίσω

ὄμως στήν ἀγάπη μας, π'ἡμοίρα δέν ἀφίνει
ὁλα τά πολέμισε ὁ λαγκου για νά γίνη

Χρόνια τριάντα καί πέντε ἔζησα ζωῆ εὐτυχησμένη
καί τόρα κμένματέληψε, ἡ λατρευτήμ Ἐλένη

Ὁ χάρος μέ ἐζήλευσε, ὁ ἄπονος σατράπης
καί μου τήν πείρ' ἔνα πρωΐ, μακρια ἀπ'τά παιδιᾶ της

Ὁ χάρος μού τήν κοίμησε βαργιᾶ γιά νά κοιμᾶτε
νά μή ξυπνίση ποια ποτέ, καί μέ νά μή θημᾶτε

Μέ ἄφισε μέ τούς καϊμούς, μέ πίκρα ἔως ἄνω
καί δέν μπορω νά βρω φάρμακο για νά γιάνω.....

THE JOY THAT I FELT   Version 10   66

Στήν χαρά πού ἔνοιοσα

Τήν χαρά πού ἔνοιοσα
στά χρόνια τῆς ζωῆς μου
τόν ἔρωτα μιᾶς κοπελιᾶς
πού μπῆκε στήν ψυχή μου

'Από μακρια τήν εἴδανε
τά μάτια τῆς καρδιᾶς μου
τόν ἔρωτα εστάνθικα
μέ στά σωθικά μου

Σάν "Αγγελο τήν γνώρισα
στόν νοῦ μου νά μή βγένη
τῆς Σπάρτης ἡ βασίλισσα
ἡ ὄμορφη Ἐλένη

Τό προσωπό της ἔλαμπε
γεμάτο ἀπό χάρη
ἡ ὀμορφιά της εἴτανε
τῆς Χώρας τό καμάρη

Σάν τήν ἐπλισίασα
κοντά νά τήν γνωρίσω
μούπανε τά μάτια μου
νά μή ὑποχορίσω

Στήν ματιά πού ἔδωσα
νά γοιόση ἡ ψυχή της
τ' αἰσθήμά μου ἄκουσε
πως εἴμαι ἐραστης της

Καί σάν κοντά τήν εἴδανε
τά μάτια της ζωῆς μου
τῆς εἴπανε τό μυστικό
πού νοιόθη ἡ ψυχή μου

Τῆς εἴπανε τά μάτια μου
πως τήν ψυχή μου δίνω
νά μή μέ ἀρνηθῆ ποτέ
δικός της γιά νά γίνω

Τά μάτια μου τῆς εἴπανε
τόν ἔρωτα πού γοιόθω
καί στήν καρδιά της πέρασε
τό μιστικό ---- στόν στόχο

'Ο ἔρωτάς μου εγινε
ἔρωτας δικός της
καί στήν καρδιά της ἔτρεφε
αὐτό τό μυστικότης

Στήν πρόταση πού πρόβαλα
νά τήν ἐρωτίσω
πολλά ἐμπόδεια πρόβαλαν
νά μή τήν ἀποκτίσω

"Ομως στήν ἀγάπη μας
π' ἡ μοίρα δέν ἀφίνη
ὄλα τά πολέμισε
ὁ γάμος γιά νά γίνη

Χρόνια τριάντα, καί πέντε ἔζησα
ζωή εὐτυχυσμένη
καί τωρα μ' ἐγκατέληψε
ἡ λατρευτή μ' Ἐλένη

'Ο χάρος μέ ἀζήλεψε
ὁ ἄπονος σατράπης
καί μου τήν πηρ ἕνα πρω ί
μακρια ἀπ' τά παιδιά της

'Ο χάρος μου τήν κοίμησε
βαργιά γιά νά κοιμᾶτε
νά μή ξυπνήση πια ποτέ
καί μέ νά μή θυμᾶτε

Μέ ἄφισε μέ τούς κα ι μούς
μέ πίκρα εως ἄνω
καί δέν μπορω νά βρω
φάρμακο γιά νά γιανο

Π.Ι.Ξ.
DALLAS TEX.

ON THE POEM

In The Greek:
MONAKSIA

In The English:
LONELINESS

Commentary:

This poem, written in 1969 by our father, who had already outlived our mother by nine years, is a poignant testimony to the loneliness of being alone, really alone, in the context of spousal loss. Our mother died this same year. Little did he know he would live another eleven years, alone.

As a side bar comment above the title of the poem, he says:

"Once upon a time someone wrote…"

He poetically differentiates between being alone and the feeling of loneliness. This is the only one of his poems I found where only one copy in any form survives. Even this reveals a little of our father with it being typed directly on a trimmed onion skin with coffee stains. One can assume that he was satisfied with what appears to be the first version, or that any others were lost or misplaced.

The tone of the poem is set with the first stanza-

> Loneliness is not when
> You live alone in a wild forest
> Even then will appear a small bird
> Which will pass near you
> Singing something
> To remind you of life

The second and third stanzas are in the same vein of comparison for what is lonely. The last stanza is the culmination of what is real loneliness-

> Its only loneliness you feel
> Where there is unrelieved pain
> When you live among others
> And you feel you are alone
> Because you have lost forever
> The two eyes of your beloved

Έγραψε κάποιος κάποτε

ΜΟΝΑΞΙΑ

Μοναξιά δέν είναι όταν
ζης μονάχος σ'άγρια δάση
θά βρεθή ένα πουλάκι,
που κοντάσου θά περάση
κάτι νά σού τραγουδήση
τήν ζωή νά σου θυμίση

Μοναξιά δέν είαναι πάλι
όταν ζης σ'ερημονήσι
πάντα θάρθ'ένα κα ι κάκι
κατά κείθε ν'αρμενίση
τά πανιά του τ'ανιγμένα
θάν παρηγοργια για σένα

Μοναξιά δέν είναι όταν
ζης σέ όρος αγριεμένα
που πόδι άλλου ανθρόπου
δέν τά έχη πατημένα
συντροφιά σου τ'αγριοπούλια
ὸ αὐγερινός κ'ἡ πούλια

Μοναξιά μονάχα νοιώθης
κ'είν'αγιάτρευτος ὸ πόνος
όταν ζησμαζή-μ'ανθρόπους
καί θαρρης πως_είσαι μόνος
γιατί έχης ποια χαμένα
δύο μάτια αγαπημένα

DALLAS TEX. 1969
Π. Ι. Ξ.

ON THE POEM

In The Greek:
NOSTALGHIA METANASTOU

In The English:
NOSTALGIA OF AN IMMIGRANT

Commentary:

Every immigrant of Greece must have had nostalgia for Mother Greece, ranging from passing to fervent ongoing. They had to be thinking from time to time from whence they came. In most cases leaving everything and everyone behind, notwithstanding the probable intention to return someday. In spite of this intent, very few ever accomplished even the briefest of returns.

One has only to imagine the desperate motivation to leave mother country for somewhere they could not conceive, much less comprehend. In this vein, I once asked our father in his twilight years if he really knew where he was emigrating to when he left his homeland and all his people. He replied that in all honesty, he did not, and any of those that said they knew were lying to save face. Their new world circumstances were the harshest of trials and tribulations, so that many times for each of these immigrants, their refuge was the nostalgia for Mother Greece, their homes, their village, their families, their friends. It is probable in their nostalgia; they were coping with their rationale for ever leaving Mother Greece at all. On the other hand their nostalgias sustained them in their worst times in a warm reverie of what they had left and wondering how their people were faring with his absence and possibly others who had also emigrated to somewhere. Leaving behind younger siblings, unmarried sisters, widowed mothers, in marginal poverty, many times forever.

This poem must have been one of our father's earlier poems. His depiction of his village is naturally idyllic when the fact is that his village was a very typical village of Greece that obviously did not fulfill his aspirations for a better life. He left the village in 1907 at the age of 16 for Athens, where he was a shoe shine boy, very much like the Oliver Twist thing with its bad and some times abusive circumstances. He eventually became an office boy and courier for some offices as a gopher of sorts. Realizing the limitations for any real opportunities in Greece he made the decision to come to America in 1910. After working on a railroad gang in Iowa, and a successful enterprise in Dallas, he returned fifteen years later in 1925 for a sabbatical visit to friends and family and to marry our mother Helen Roussos, returning to America in January 1926, on the luxury liner Leviathan of the United States Lines, on its return from Cherbourg , France.

The lines of the poem are poignant with emotional expression of what he recalled and what he wished to see and hear just one more time.

The numerous versions are sometimes just copies of the same version. The several versions indicate somewhat a preoccupation with these nostalgic feelings by revisiting the poem in re-writes and minor modifications, thereby re-living his memories a little vicariously via his poem.

Essentially the poem is consistent with the original version wherein the first seven lines start with "I want to see…". The eight and ninth lines start with "I want to hear…". The tenth line and last stanza are a summation with:

"Karnasion is the named, the other Tsorota *
In the village where I lived and abandoned in nineteen -o-seven

And now that I am old, I find myself in a foreign place
With sorrows and tribulations, and unfulfilled dreams
I am nostalgic for you Elada*, my country, You!"

*Karnasion is the Greek version of his village, Tsorota, the former Turkish version
*Elada is Greece in the formal Greek, also Ellas (Hellas)

The P. J. Xeros and Sons onionskin letterhead appears several times in this poem's several versions. Some with strikeovers, some without. The several such letterheads in this group suggests that he had an ample supply of this letterhead.

Νοσταλγία Μετανάστου

Θᾶ ἤθελα ν' ἀγνάτευα, ψηλᾶ ἀπό τ'ἀλώνια
τό χωριό πού ἔζησα μέ φτώχεια καί μέ πόνια

Θᾶ ἤθελα ν'ἀγνάτευα, ὅλα τά κορφοβούνια
πού κελα ι δούν οἱ πέρδικες, καί τά γιδοπρόβατα
                                                    μέ ὅλα τά κουδούνια

Θᾶ ἤθελα ν'ἀγγάτευα τήν 'Εκκλησιᾶ, στόγ πλάταν'ἀποκάτου
πού τοα Παππου μου ἔκτισαν, τά χέρια τά δικάτου

Θᾶ ἤθελα ν'ἀγνάτευα, ἀπ'τόν Προφήτ''Ηλία
τό κάστρο του Βουλκάνου, κ'ὅλη τήν Μεσσηνία

Θᾶ ἤθελα ν'ἀγνάτευατά Ἥλιο-βασιλέματα, στήν Κυπαρισσία
ἀπ'τό βουνό ψηλα ἐκει, τήν δόλια τρφφιλία

Θᾶ ἤθελα ν'ἀγνάτευα 'επάνω εἰς τ'ἀλώνια
πού μέ χαραμμου ἔπεζα, στά παιδικά μου χρόνια

Θᾶ ἤθελα ν'ἀγγάτευα τόν Μά ι στίς πλαγες
καί τήν λαμπαη χορεύωντας κοπέλες, στή ρούγα, καί στίς
                                                    ρούγα - γείτωνιές

Θᾶ ἤθελα νά ἄκουα, τσοπάνου τήν φλογέρα
τσοπανοπούλας γλυκοτράγουδο, στόν καθαρό ἀέρα

Θᾶ ἤθελα νά ἄκουα τούς ὕμνους τ' ἀ ι δωνιοῦ
κ'ὁλονυχτιές νά ρέμβαζα, στά ἄστρα τ'οὐρανου

Καργάσι ὀνομάσαγε τό ἄλο Τσορωτᾶ
εἶν'τό χωριό πού ἔζησα, καί τό ἐγκατέληψα, στό ἐννιακόσια
                                                    ἐπτα

Καί τώρα πού ἐγέρασα, καί βρίσκομε στά ξένα
μέ θλίψεις καί μέ βάσανα, κ'ἄνειρα χαμένα
ἐσένα 'Ελλάδα νοταλγ Πατρίδα μου .ἐσένα..   Π. Ι. Η.

Νοσταλγία Μετανάστου

Θᾶ ἤθελα ν'ἀγνάτευα ψηλά ἀπό τ'ἀλώνεια
τό χωριὸ που ἔζησα μέ φτόχεια καί μέ πόνια

Θᾶ_ἤθελα ν'ἀγγάτευα ὅλα τά κορφοβούνια
που κελα ι δοῦν οἱ πέρδικες, καί τά γιδοπρόβατα
                                    μέ ὅλα τά κουδούνια
Θᾶ_ἤθελα ν'ἀγγάτευα τήν Ἐκκλησιά στόν πλάταν'ἀποκάτου
που, του Παππου μου ἔκτισαν τά χέρια τά δικάτου

Θᾶ ἤθελα ν'ἀγνάτευα, ἀπ'τόν Προφήτ' Ἡλία
τό Κάστρο τοα Βουρκάνου, κ'ὅλη τήν Μεσσηνία

Θᾶ ἤθελα ν'ἀγνάτευα τά Ἡλιοβασιλέματα στήν Κυππαρισσία
ἀπ'τό βουνό ψηλά ἐκει, τήν δόλια Τρυφιλία

Θᾶ_ἤθελα ν'ἀγνάτευα ψηλᾶ εἰς τά ἀλώνεια
που μέ χαρά μου ἔπεζα στά παιδικά μου χρόνια

Θᾶ ἤθελα ν'ἀγγάτευα τόν Μά ι στίς πλαγές
καί τήν λαμπρή χορεύωνταςν κοπέλλες, στή ρούγα
                                    καί στίς γειτωνιές
Θᾶ ἤθελα γά ἄκουα τσοπάνου τήν φλογέρα
τσοπανοπούλας γλυκοτράγουδο στόν καθαρό ἀέρα

Θᾶ_ἤθελα νά ἄκουα τούς ὕμνους τ'ἀ ι δωνιοῦ_
κ'ὁλονυχτιές νά ρέμβαζα στά ἀστρα τ'οὐρανου

Καργάσι ὀνομάσαχε τό ἄλο Τσορωτᾶ
εἶν'τό χωριὸ που ἔζησα, καί τό ἐγκατέληψα στό ἐνγιαχόσια
                                                    ἑπτά
Καί τώρα ποῦ ἐγέρασα καί βρίσκυμε στά ξένα
ἐσένα Ἑλλάδα νοσταλγό Πατρίδα μου ἐσένα.....

                                    Π. Ι. Ξ.

Exclusive Representatives
JOHN BOUTARIS SON
Naousa—Wines and Spirits

Phones: 827-3735
239-1211
348-4249
348-5725

P. J. Xeros & Sons

GREEK IMPORTS

6116 Gaston Avenue

DALLAS, TEXAS 75214

Νοσταλγία Μετανάστου

Θά ἤθελα ν'ἀγνάτευα ψηλά ἀπό τ'ἀλώνεια
τό χωριό που ἔζησα μέ πόνο καί μέ φτώχεια
Θά ἤθελα ν'ἀγνάτευα ὅλα τά κορφοβούνια
που κελα ιδούν οἱ πέρδικες, καί τά γιδοπρόβατα
                              μέ ὅλα τά κουδούνια

Θά ἤθελα ν'ἀγγάτευα τήν 'Εκκλησιά, στόν πλάταν'ἀ οκάτω
πούντου Παππού μου ἔκτισαν τά χέρια τά δικάτου

Θά ἤθελα ν'ἀγνάτευα, ἀπ'τόν Προφήτ''Ηλία
τό κάστρο του Βουκάνου, κ'ὅλη τήν Μεσσηνία

Θά ἤθελα ν'ἀγνάτευα, τά 'Ηλιοβασιλέματα
                              στήν Κυπαρισσία
ἀπ'τό βαυνό ψηλά ἐκεῖ, τήν δόλια Τρυφιλία

Θά ἤθελα ν'ἀγνάτευα, ψηλά εἰς τά ἀλώνεια
που μέ χαρά μου ἔπεζα στά παιδικά μου χρόνια

Θά ἤθελα ν'ἄκουγα τσοπάνου τήν φλογέρα
τσοπανοπούλας γλυκοτράγουδο, στόν καθαρό ἀέρα

Θά ἤθελα ν'ἀγγάτευα τόν Μά ι στίς πλαγές
καί τήν λαμπρή χορεύωντας κοπέλες, στήν ρούγα
                              καί στίς γειτονιές

Θά ἤθελα ν'ἄκουγα τούς ὕμνους τ'ἀ ιδωνιου
κ'ὁλονυχτιές νά ρέμβαζα, στά ἄστρα τ'οὐρανου

Καργάσι ὀνομάσαγε τό ἄλο Τσορωπᾶ
εἰν'τό χωριό που ἔζησα, καί τό ἐγκατέληψα στό ἐννιακόσια ἐπτά

Καί τώρα που ἐγέρασα, καί βρίσκομε στά ξένα
μέ θλίψεις καί μέ βάσανα, κ'ὄνειρα χαμένα
ἐσένα 'Ελλάδα νοσταλγω, πατρίδα μου, ἐσένα

NOSTALGIA OF AN IMMIGRANT   Version 3

74

EXCLUSIVE REPRESENTATIVES
JOHN BOUTARIS SON
NAOUSA—WINES AND SPIRITS

PHONES: 827-3735
239-1211
348-4249
348-5725

P. J. Xeros & Sons

GREEK IMPORTS

6116 Gaston Avenue

DALLAS, TEXAS 75214

Νοσταλγία Μετανάστου

Θὰ ἤθελα ν'ἀγνάτευα ψιλᾶ ἀπό τ'ἀλώνεια
τό χωριό.που ἔζησα μέ φτόχεια καί μέ πόνια

Θὰ ἤθελα ν ἀγνάτευα ὅλα τά κορφοβούνια
που κελα ι δούν οἱ πέρδικες,καί τά γιδο-πρόβατα μέ ὅλα τό
                                                    κουδούνια

Θὰ ἤθελα ν'ἀγνάτευα, ἀπ'τόν προφήτ'Ἠλία
τό κάστρο του Βουρκάνου, κ'ὅλη τήν Μεσσηνία

Θὰ ἤθελα ν'ἀγνάτευα, τά Ἡλιο-βασιλέματα στήν Κυππαρισσία
ἀπ'τό βουνό ψιλα ἔχει, τήν δόλια Τρυφιλία

Θὰ ἤθελα ν'ἀγνάτευα ψιλᾶ εἰς τά ἀλώνεια
που μέ χαρά μου ἔπεζα, στά παιδικά μου χρόνια

Θὰ ἤθελα ν'ἀγγάτευα τόν Μά ι στίς πλαγές
καί τήν λαμπρη χορεύωντας, κοπέλες, στη ρούγα καί στίς γειτωνιές

Θὰ ἤθελα ν'ἄκουα τσοπάνου τήν φλογέρε
τσοπανοπούλας γλυκοτράγουδο, στον καθαρό ἀέρα

Θὰ ἔθελα νά ἄκουα τούς ὕμνους τ' ἀ ι δαγιοῦ
κ'ὁλονυχτιές νά ῥέμβαζα, στά ἄστρα τ' Οὐρανοῦ

Καργάσι ὀνομάσαγε τό ἄλο Τσορωτᾶ
εἶν'τό χωριό που ἔζησα, καί τό ἐγκατέληψα στό ἐννεακόσια
                                                    ἑπτα

Καί τῶρα που ἐγέρασα καί βρίσκομε στά ξένα
μέ θλήψεις καί μέ βάσανα, κ'ὄνειρα χαμένα
ἐσενα Ἑλλάδα νοσταλγω, πατρίδα μου ἐσένα

Γιάσου Χριστο
παππούς

NOSTALGIA OF AN IMMIGRANT   Version 4   75

P. J. Xeros & Sons

GREEK IMPORTS

6116 Gaston Avenue

DALLAS, TEXAS 75214

ΝΟΣΤΑΛΓΙΑ ΜΕΤΑΝΑΣΤΟΥ

Θά ἤθελα ν' ἀγνάτευα ψηλᾶ ἀπό τ' ἀλώνια
τό χωργιό που ἔζησα, μέ φτώχεια καί πόνια

Θά ἤθελα ν' ἀγνάτευα ὅλα τά κορφοβούνια
που κελα ι δούν οἱ πέρδικες, καί τά γιδοπρόβατα
            μέ ὅλα τά κουδούνια

Θά ἤθελα, ν' ἀγνάτευα τήν Ἐκκλησιᾶ
στόν πλάτανο ἀπουκάτο, που τοῦ παππούμου ἔκτισαν
            τά χέρια τά δικάτου

Θά ἤθελα ν' ἀγνάτευα, ἀπ' τόν Προφήτ' Ἡλία
τό κάστρο του βουρκάνου τήν δόλια Τρυφιλία

Θά ἤθελα ν' ἀγνάτευα τά Ἡλιοβασιλέματα, στήν Κυπαρισία
ἀπ' τό βουνό ψηλα ἐκει, κ' ὅλη τήν Μεσσηνία

Θά ἤθελα ν' ἀγνάτευα, στη ράχη τ' ἀλώνια
που μέχαρά μου ἔπεζα στά παιδικά μου χρόνια

Θά ἤθελα ν' ἀγνάτευα, τόν Μά ι στῆς πλαγιές
καί τήν λαμπρή χωρεύωντας, κοπέλες στή ρούγα καί στίς γειτωνιές

Θά ἤθελα ν' ἄκουα τσοπάνου τήν φλογέρα
τσοπανοπούλας γλυκοτράγουδο στόν καθαρό ἀέρα

Θά ἤθελα ν' ἄκουα τούς ὕμνους τ' α ι δωνιοῦ
κ' ὁλονυχτιές νά ρέμβαζα στά ἄστρα τ' οὐρανου

Καρνάσι τ' ὀγομάσανε τό ἄλο Τσορωτᾶ
εἰν' τό χωριό που ἔζησα, καί τό ἐγκατέληψα στό ἐννικπόσια ἑπτά

Κάι τώρα που ἐγέρασα καί βρίσκομε στά ξένα
μέ πόνους καί μέ βάσαγα, καί ὄνειρα χμμένα
ἐσένα Ἑλλάδα νοσταλγό, Πατρίδαμου ἐσένα

Π. Ι. Ξ.

PHONES: 827-3735
239-1211
348-4249
348-5725

P. J. Xeros & Sons

GREEK IMPORTS

6116 Gaston Avenue   2409   ABRAMS
DALLAS, TEXAS 75214   APT, A,

Νοσταλγία Μετανάστου

Θά ἤθελα ν'ἀγνάτευα ψυλᾶ ἀπό τ' ἀλώνεια
τό χωριό που ἔζησα, μέ φτόχεια καίμέ πόνεια

Θά ἤθελα ν'ἀγνάτευα ὅλα τά κορφοβούνια
πού κελα ι δούν οἱ πέρδικες καί τά γιδοπρόβατα
                    _μέ ὅλα τά κουδούνια
Θά ἤθελα ν'ἀγνάτευα τήν 'Εκκλησία
στόν πλάτανό ἀπόκάτω πούτού παππούμου
                         ἔκτισαν τά χέρια τά δικάτου
Θά ἤθελα ν'ἀγνάτευα ἀπ'τόν Προφ.'Ηλία
τό κάστρο του Βουρκάνου,κ'ὅλη τήν Μεσσηνία

Θά ἤθελα ν'ἀγνάτευα ψυλά εἰς τά ἀλώνεια
πού μέ χαρά μου ἔπεζα στά παιδικά μου χρόνια

Θά ἤθελα ν'ἀγνάτευα τά 'Ηλιοβασιλέματα στήν Κυπαρισσία
ἀπ'τό βουνό ψυλά ἔκει,τήν δόλια Τρυφιλία.

Θά ἤθελα νά ἄκουα τσοπάνου τήν φλογέρα
τσοπανοπούλας γλυκοτράγουδο στόν καθαρό ἀέρα

Θά ἤθελα νά ἄκουα τούς ὕμνους τ'ἀ ι δωνιοῦ
κ'ὁλονυχτιές νά ρέμβαζα τά ἄστρα τ'οὐρανου

Καργάσι τ'ὀγομάσανε τό ἄλο Τσορωτᾶ
εἰν'τό χωριό που ἔζησα, καί τό ἐγγατέληψα στό ἐννιακόσι ἑπτά

Καί τώρα που ξέρασα, κάι βρίσκομε στά ξένα
μέ θλήψεις καί μέ βάσανα, καφ ὄνειρα χαμένα
ἐσένα 'Ελλάδα νοσταλγω Πατρίδαμου ἐσένα....

NOSTALGIA OF AN IMMIGRANT   Version 6   77

EXCLUSIVE REPRESENTATIVES
JOHN BOUTADIS SON
NAOUSA—WINES AND SPIRITS

PHONES: 827-3735
239-1211
348-4249
348-5725

P. J. Xeros & Sons

GREEK IMPORTS
6116 Gaston Avenue 2407 ABRAMS. APT. A.
DALLAS, TEXAS 75214

Νοσταλγία Μετανάστου

Θὰ ἤθελα ν'ὀγνάτευα, ψηλά ἀπό τ'ἀλώνια
τό χορίο που ἔζησα, μέ φτώχεια καί μέ πόνια

Θα_ἤθελα ν'ἀγγάτεψα, ὅλα τά κορφοβούνια
που κελα ι δούν ο ι πέρδικες, καί τά γιδοπρόβατα, μέ ὅλα
                                              τά κουδούνια

Θα_ἤθελα ν'ἀγγάτευα, τήν Ἐκκλησιά στόν πλάταν'ἀποκάτου
που του Παππου μου ἔκτισαν, τά χέρια τά δικάτου

Θὰ ἤθελα ν'ἀγάτευα, ἀπ'τόν Προφήτ'Ἡλία
τό κάστρο.του Βουλκάνου, κ'ὅλη τήν Μεσσηνία

Θα_ἤθελα ν'ἀγγάτευα,_τά Ἥλιο-βασιλέματα, στήν Κυππαρισία
ἀπ'τό βουνό ψηλά ἔκει, τήν δόλια Τρυφιλία

Θα_ἤθελα ν'ἀγγάτευα ἐπάνω εἰς τ'ἀλώνια
που μέ χαρά μου ἔπεξα, στά παιδικα μου χρόνια

Θα_ἤθελα ν''αγνάτευα, τόν Μά ι στίς πλαγές
καί τήν λαμπρή χορεύωντας κοπέλες, στή ρούγα, καί στίς γειτωνιές

Θα ἤθελα γ'ἄκουα τσοπάνου τήν φλογέρα
τσοπανοπούλας γλυκοτράγουδο, στόν καθαρό ἀέρα

Θα ἤθελα νάακουσα πους ὕμνους τ' 'α ι δωνιού_
κ'ὁλονυχτιές νά ρέμβαζα, στά ἄστρα τ' οὐρανου

Καργάσι ὀνομάσαγε τό ἄλο Τσορωτά
εἰν'τό χορίο που ἔζησα, καί τό ἐγκατέληψα, στό ἐννιακόσια ἐπτᾶ

Καί τῶρα που ἐγέρασα καί βρίσκομε στά ξένα,
μέ θλίψεις καί μέ βάσανα, κ'ὄνειρα χαμένα
ἐσένα_Ἑλλάδα νοσταλγω, Πατριδα μου ἐσένα......   Π. Ι. Ξ...

EXCLUSIVE REPRESENTATIVES
JOHN BOUTARIS SON
NAOUSA—WINES AND SPIRITS

PHONES: 827-3735
239-1211
348-4249
348-5725

P. J. Xeros & Sons
GREEK IMPORTS
6116 Gaston Avenue
DALLAS, TEXAS 75214

Νοσταλγία Μετανάστου

Θὰ ἤθελα ν'ἀγνάτευα, ψηλὰ ἀπό τ''αλώνεια
τὸ χωριὸ που ἔζησα, μὲ φτόχεια καί μὲ πόνια

Θὰ ᾠἤθελα ν''αγνάευα,ὅλα τά κορφοβούνια
που κελα ι δοῦν οἱ πέρδικες, καί τά γηδοπρόβατα μέ ὅλα
                                           τά κουδούνια

Θὰ ἤθελα ν'ἀγνάτευα τήν Ἐκκλησιᾶ στόν πλατταν'ἀποκατου
που του παππου μου ἔκτισαν τά χέρια τά δικάτου

Θὰ ἤθελα ν'ἀγνάτευα, ἀπ'τόν Προφήτ''Ηλία
τὸ Κάστρο του Βουρκάνου, κ'ὅλη τήν Μεσσηνία

Θὰ ᾠἤθελα ν'ἀγνάτευα στή ράχη στά ἐλώνεια
που μὲ χαρά μου ἔπαιζα στά παιδικά μου χρόνια

Θὰ ἤθελα ν'ἀγνάτευα, τά Ἥλιο-βασιλέματα, στήν Κυππαρισία
ἀπ'τό βουνό ψηλα ἔχει τήν δόλια Τρυφιλία

Θὰ ἤθελα ν''αγνάτευα, τόν Μά ι στίς πλαγιές
καί τήν λαμπρή χορεύωντας κοπέλες, στή ρούγα καί στίς
                                           γειτωνιές

Θὰ ἤθελα νά ἄκουα τσοπάνου τήν φλογέρα
τσοπανοπούλας γλυκοτράγουδο, στήν καθαρό 'αέρα

Θὰ ᾠἤθελα νά ἄκουα τούς ὕμνους τ'ἀ ι δωνιοῦ
κ'ὅλονυχτιές νά ρέμβαζα στά ἄστρα τ'Οὐρανου

Καργάσι ὀνομάσαγε τό ἄλο τσορωτᾶ
εἶν'τό χωριὸ που ἔζησα, καί τό ἐγκατέληψα στόν νιακόσια
                                           ἑπτά

Καί τῶρα ποῦ ἐγέρασα καί περπατῶ στά ξένα
μὲ πίκρες καί μὲ βάσανα, κ'ὀνειραχαμένα
ἐσένα Ἑλλάδα νοσταλγω Πατρίδα μου ἐσένα......

ON THE POEM

In The Greek:
O BEKRIS

In The English:
THE DRUNK

Commentary:

The Drunk poem is an extension of a favorite subject for writers and poets, being good material for the depiction of such a poor, pitiful, sometimes colorful soul. Maybe it is also because a drunk is an open book of emotions, without any inhibitions to stifle the observer's dissection of a hapless human being everyone can relate to. I think sometimes we can see in the drunk some of our shortcomings, albeit under control, suppressed, that separates us from them.

In our father's case the reality of the drunk might be that his younger brother Dan (Dionysios) essentially fit the role of career drinking in the village. Dan was not noted for ambition, being known more for taverna drinking and cards. Other than his short stint in America, when our father brought him here to participate in his business, he had never really worked at a living. Shortly after being here, our father being the very opposite in temperament and ambition, tired of him being a problem, and sent him back to Greece. After that they seldom had any contact at any level. The paradox in this debilitation is that Dan outlived three wives, and he ended up living almost as long as our father who died at ninety-one. Dan was obviously a source of observed behavior by our father, who eventually committed this experience to this poem on the drunk. Maybe subliminally, our father found some therapy in this portrayal of an innocent, harmless, hapless drunk.

The several versions are typical of refinement of a refinement of the original. Probably spanning several years from the original to the final version.

In the last three stanzas he has the drunk singing his song of fantasy. It seems that the hallmark of the typical drunk is their singing. They have an urge to sing; and why not, since there are no inhibitions to prevent their singing. The last stanza says-

> O God of my wine
> Friend of my retsina
> May you never die
> Even be it that I am hungry

The P.J. Xeros and Sons onionskin letterhead appears again in Version 5.

Ὁ Μπεκρῆς

Μέστήν ταβέρνα ὅλημερίς
με τό ποτύρη ἐμπρός του
τό κοκινέλη πίνωντας
,αὐτό εἰν' ὁ θεός του

Στήν ταβέρνα κάθετε
ρουφώντας τήν ρετσίνα
ὅλα τά γοιόθη ρόδυνα
κ'ὅλα τά βλέπη φίνα.

Τόν βλέπης νά φιλοσοφή
σάν νανε Διογένης
καί σάν τολμήσης νά τοῦ εἰπῆς καί τί,
πέρατου δέν βγένης

Μορολογώντας πίνωντας
ἐσθάνετε ὀδύνη
οὔτε κανέναν σκέπτετε
καίναν μπαρά δέν δίνη

Καί σάν σωθ'ή ρετσίνα του
στό ἄδιο του ποτίρη
τόν ταβερνιάρη βλασφιμή
τόν στέλνη στό σιχτήρη

Καί σάν ρουπόση στά καλά
ὅτουπί εἰς τό μεθήση
ἔρχετε στή μνύμη του
στό σπίτη νά γυρίση

Μόνος του μορολυχή
τόν δρόμο του για ναύρη
τήν τύχη του ἀναθεματή
ψάχνωτας στό σκοτάδη

στόν δρόμο νά παραμιλᾶ
καί τούς θεούς νά βρίζη
κ'κάπως στόν τύχο σάν κτίπά
ζητή συγνώμη στή σκια καί νά παραμερίζη.

Στρεκλώντας εἰς τόν δρόμο του
ἀκούς νά μουρμουρίζη
σέ ἀπορία βρίσκετε,
τήν ὥρα που χιονίζη

καί σάν περγα εἰς τό στενό
που φέγγη τό φεγγάρη
ξεσπά εἰς τό μεράκη του
κ'αρχή νά τραγουδα'.

Νάταν ή θάλλασα κρασί, δουλιά γινότανε χρισή
καί τά καράβια κουπες, χρυσός ὁ λόγος που εἰπες
Τάβονά χλωρό τυρί οί κάμποι ὅλοι πιτες
~~μακαρόνια τά σπίντα, κ'οί πλάκες ὅλες τύρες~~
Χιλωπηπι

ς ζόγη τα βερνα ϟρικε
Σα παντκ γραντσι

Μέστην ταβέρνα ὅλημερίς
μέ τό ποτύρη ἐμπρός του
τό κοκινέλη πίνωντας
αὐτό εἶν'ὁ θεός του

Στήν ταβέρνα κάθετε
ρουφώντας τήν ρετσίνα
ὅλα τά γοιόθη ρόξυνα
κ'ὅλα τά βλέπη φίνα

Τόν βλέπης νά φιλοσοφῆ
σάν νανε Διογένης
καί σάν τολμήσης νά τοῦ εἰπῆς καί τί
πέρατου δέν βγένης

Μορολογώντας πίνωντας
ἐςθάνετε ὀδύνη
οὔτε κανέναν σκέπτετε
καίναν μπαρά δέν δίνη

Καί σάν σωθ'ή ρετσίνα του
στό ἄδιο του ποτύρη
τόν ταβερνιάρη βλασφιμή
τόν στέλνη στό σιχτήρη

Καί ρουπόση στά καλά
στουπή ε'ις τό μεθήση
ἔρχετε στήν μνύμη του
στό σπίτη νά γυρήση

Μόνος του μορολογή
τόν δρομο του για ναύρη
τήν τύχη τ'ἀναθεματή
ψάχνωτας στό σκοτάδη

Στόν δρόμο νά παραμιλᾶ
καί τούς θεούς νά βρίζη
κ'κάπως στόν τοίχω σάν κτιπά
ζητή συγνώμη στή σκια,καί νά παραμερίζη

Στρεκλώντας εἰς τόν δρόμο του
ἀκούς νά μουρμουρίζη
σέ ἀπορια βρίσκετε
τήν ωρα που χιονίζη

Καί σάν περγα εἰς τό στενό
που φέγγη τό φεγγάρι
ξεσπά εἰς τό μεράκη του
κ'ἀρχή νά τραγουδά ι·

Νάταν ἡ θάλλασα κρασί
δουλια γινότανε χρισή
καί τά καράβια κουπες
χρυσός ὁ λόγος που εἶπες

Τά βουνά χλορώ τυρί
οἱ κάμποι ὅλοι πητες
μακαρόνια τά σκινιά
καί οἱ πλακες χιλοπητες

Ὦ θεέ τοῦ οἴνου μου
της φίλης μου ρετσίνας
νά μή πεθάνης σύ ποτέ
κ'ἄς ψοφω της πίνας.

THE DRUNK   Version 2   82

Ὁ Μπεκρῆς

Μέστην ταβέρνα ὅλημερίς
μὲ τὸ ποτύρη ἐμπρός του
τὸ κοκινέλη νὰ ρουφᾶ
αὐτό εἰν' ὁ θεός του

Στὴν ταβέρνα κάθετε
ρουφῶντας τὴν ρετσίνα
ὅλα τά γοιόθη ρόδυνα
κ'ὅλα τά βλέπη φίνα

Τόν βλέπης νά φιλοσοφῆ
σάν νανε Διογένης
καί σάν τολμήσης νά τοῦ εἰπῆς καί τί,
πέρατου δέν βγενής

Μορολογῶντας πόνωντας
ἐρθάνετε ὀδύνη
οὔτε κανέναν σκέπτετε
κ'ἕναν μπαρά δέν δίνη

Καί σάν σοθῆ ρετσίνα του
στό ἄδιοτου ποτύρη
τόν ταβερνι...βλασφιμή
τόν στέλνη στό σιχτήρη

Καί σάν ρουπώση στά καλά
ρτουπή εἰς τό μεθύση
ἔρχετε στή μνύμη του
στό σπίτη νά γυρήση

Μόνος του μορολογή
τόν δρόμο του για ναύρη
τήν τύχη του ἀναθέματη
ψάχνωντας στόσκοτάδη

Στόν δρόμο νά παραμηλᾶ
καί τους Θεούς νά βρίζη
κ'κάπως στόν τύχω σάν κτιπᾶ, ...
ζητή συγνώμη στή σκιά, καί νά παραμερίζη

Στρεκλῶντας εἰς τόν δρόμο του
ἀκούς νά μουμουρίζη
σέ ἀπορία βρίσκετε
τήν ὥρα που χιονίζη

Καί σάν περγᾶ εἰς ...τενό
που φέγγη τό φεγγάρη
ξεσπᾶ εἰς τό μεράκη του
κ'ἀρχή νά τραγουδά·

Νάταγη'θάλλασα κρασί
δουλια γινότανε χρισή
καί τά καράβια κρυπες
χρυσός ὁ λόγος που εἶπες

Τά βουνά χλωρό τυρί
οἱ κάμποι ὅλοι πητες
μακαρόνια τά σκίνια
κ'οἱ πλάκες χιλοπητες

Ὠθεέ του οἴνου μου
της φίλης μου ρετσίνας
νά μή πεθάνης οὐ ποτέ
κ'ἄς ψοφω της πίνας

Ὁ Μπεκρῆς

Μέστην ταβέρνα ὅλημερίς
μέ τὸ ~~ποτῆρι ἐμπρός που~~
τὸ κοκινέλη πίνωντας
αὐτό εἶν᾽ ὁ θεός του

Στὴν ταβέρνα κάθετε
ρουφώντας τὴν ρετσίνα
ὅλα τά νοιόθη ρόδυνα
κ᾽ὅλα τά βλέπη φίνα

Τόν βλέπης νά φιλοσοφᾶ
σάν νανε Διογένης
καὶ σάν τολμίσης νά τοῦ εἰπῆς καί τί
πέρατου δέν βγένης

Μορολογώντας, πίνωντας
ἐσθάνετε ὀδύνη
οὔτε κανέναν σκέπτετε
καίναν μπαρά δέν δίνη

Καί σάν σωθ᾽ ἡ ρετσίνα του
στό ἄδιοτου ποτύρη
τόν ταβερνιάρη βλασφιμή
τόν στέλη στό σιχτήρη

Καί σάν ρουπόση στά καλά
στουπή εἰς τό μεθίση
ἔρχετε στή μνύμη του
στό σπίτη νά γυρίση

Μόνος του μορολογή
τόν δρόμου του γιά γαύρη
τήν τύχη τ᾽ ἀναθεματή
ψάχνωντας στό σκοτάδη

Στόν δρόμο νά παραμηλᾶ
καί τούς θεούς νά βρίζη
~~κ᾽ἀπο᾽οτόμιτύχα~~ σάν κτιπᾶ
ζητή ~~ἀρχνωμη~~ στηνόκια, καί νά παραμερίζη

Στρεκλώντας εἰς τόν δρόμο του
ἀκούς νά μουμουρίζη
σέ ἀπορία βρίσκετε
τήν ωρα που χιονύζη

Κ᾽ὅταν περνᾶ εἰς τό στενό
που φεγγη τό φεγγάρη
ξεσπᾶ εἰς τό μεράκη του
κ᾽αρχή νά τραγουδᾶ ,

Νάταν ἡ θάλασα κρασί
δουλιά γινότανε χρυσί
καί τά καράβια κουπες
χρισός ὁ λόγος που εἶπες

Τά βουνά χλωρό τυρί
οἱ κάμποι ὅλοι πητες
μακαρόνια τά σκίνια
κ᾽οἱ πλάκες χιλοπητες

Ὦ Θεέ τοῦ οἴνου μου
τῆς φίλης μου ρετσίνας
νά μή πεθάνης οὐ ποτέ
κ᾽ἄς ψωφά τῆς πίνας

THE DRUNK   Version 4

98

P. J. Xeros & Sons

GREEK IMPORTS

6116 Gaston Avenue

DALLAS, TEXAS 75214

Ὁ Μπεκρῆς

Στήν ταβέρνα ὁλημερίς
μέ τό ποτύρ' ἐμπρός του
τό κοκκιγέλι πίνωντας
αὐτό εἰν' ὁ Θεός του

Στήν ταβέρνα κάθετε
ρουφωντας τήν ρετσίνα
ὅλα τά ψαιῶθειρόδυνα
κ'ὅλα τά βλέπει φίνα

Τόν βλέπης νά φιλοσοφεῖ
σάν ἄλος Λυογένης
ἄν τολμήσης νά του εἰπῆς καί τί
περατου δέν βγένης

Μορολογῶντας πίνωντας
ἐσθάνετε ὁδύνη
οὖτε κανέναν σκέπτετε
κ'ἔναν μπαρα δέν δίνει

Κ'ὅταν σοθ'ἡ ρετσίνατου
στό ἄδιστου ποτύρι
τόν ταβερνιάρη βλασφημῆ
τόν στέλνη στό συχτηρι

Κ'σάν ρουπόσει στά καλά
στουπί εἰς τό μεθύση
ἔρχετε στήν μνύμητου
στό σπίτι νά γυρίσει

Μόνος του μορολογεῖ
τόν δρόμοτου γι ν'ἄῦρει
τήν τύχη τ' ἀναθεμστει
ψάχνωντας ρτο σκοτάδι

Στόν δρόμο νά παραμηλᾶ
καί τους Θεούς νά βρίζει
καί κάπως στόν τύχω σάν χτιπᾶ
ζητει συγνώμη στήν σκια, καί τά
                    παραμερίζεφ

Στρεχλῶντας ε'ις τόν δρόμοτου
ἀκούς νά μουρμουρίζει
σέ ἀπορία βρίσκετε
τήν ῶρα που χιονίζει

καί σάν περνᾶ ἀπ'τό στενό
που φέγγει τό φεγκάρι
ξεσπα εἰς τόμμεράκι του
κ'ἀρχή νά τραγουδάει

Νάτν'ἡ Θάλλασσα κρασί
δουλια γινότανε χρυσή
καί τά καράβια κουπες
χρυσός ὁ λόγος π'εῖπες

Τά βουνα χλωρό τυρί
οἱ κάμποι ὅλοι πητες
στήν ταβέρνα του ψυρει
νά τρωμε χηλοπητες

Ὤ Θεέ τοῦ οἴνου μου
τῆς φίλης μου ρετσίνας
νά μη πεθάνης σύ ποτέ
κ'ἄς ψοφω της πίνας.

THE DRUNK   Version 5   85

Ὁ Μπεκρίς

Μέ στήν ταβέρνα ὁλημερίς
μέ τό ποτύρ'ἐμπρός του
πίνωντας τήν ρετσίνα του
αὐτή εἶν' ὁ Θεός του

Στήν ταβέρνα κάθετε
ρουφωντας τήν ρετσίνα
ὅλα τά βρίσθη ρόδινα
κ'ὅλα τά βλέπει φίνα

Τόν βλέπης νά φιλοσοφεῖ
σάν νανε Διογένης
ἄν τολμήσης νά τ'εἰπῆς καί τί
πέρατου δέν βγένης

Μορολογωντας πίνωντας
ἐσθάνετε ὀδύνη
οὔτε κανένᾳν σκέπτετε
κ'ἕνα μπαρα δέν δέίνηι

Καί σάν σοθ'ἡ ρετσίνα του
στό ἄδιοτου ποτύρι
τόν ταβερνιάρι βλασφημεῖ
τόν στέλνει στό σιχτηρει

Καί σάν ρουπόσει στά καλά
στουπί εἰς τό μεθίση
ἔρχετε στήν μνύμη του
στό σπίτι νά γυρίσει

Μόνος του μωρολογεῖ
τόν δρόμο του για ν'αὔρει
τήν τύχη τ'ἀγαθεματει
ψάχνωντας στό σκοτάδι

Στόν δρόμο νά παραμηλᾶ
καί τούς Θεούς νά βρίζει
καί κάπως στόν τείχο σάν κτιπᾶ
ζητῃ ὁυγνώμη στήν σκια
        καί νά παραμερίζει.

Στρεκλώντας εἰς τόν δρόμοτου
ἀκούς νά μουρμουρίζει
σέ ἀπορία βρίσκετε
τήν ὥρα που χιονίζει

Καί σάν περνᾷ ἀπ τό στενό
που φέγγει τό φεγκάρι
ξεσπᾳ εἰς τό μεράκιτου
κ'ἀχή νά τραγουδάη

Νάταν ἡ Θάλασσα κρασί
δουλια γινότανε χρησή
καί τά καράβια κουπες
χρυσός ὁ λόγος π'εἴπες

Τά βουνα χλωρό τυρί
οἱ κάμποι ὅλοι πητες
στήν ταβέρνα του ψυρή
νά τρωμε χηλοπητες

Ὤ Θεέ τοῦ οἴνου μου
της φίλης μου ρετσίνας
νά μη πεθάνῃς σύ ποτέ
κ'ἄς ψοφω της πίνας

Π.Ι.Ξ.
DALLAS TEX.

Ὁ Μπεκρῆς

μέ στήν ταβέρνα ὅλημερίς
μέ τό ποτήρ' ἐμπρός του
τό κοκκινέλι πίνωντας
αὐτό εἰν' ὁ Θεός του

Στήν ταβέρνα κάθετε
ρουφῶντας τήν ρετσίνα
ὅλα τά νοιώθη ρόδινα
κ'ὅλα τά βλέπη φίνα

Τόν βλέπης νά φιλοσοφῆ
σάν νανε Διογένης
ἄν τολμήσης νά τ' εἰπῆς καί τί
πέρατου δέν βλένης

Μορωλογῶντας πίνωντας
ἐσθάνετε ὀδύνη
οὔτε κανέναν σκέπτετε
κ'ἕνα μπάρα δέν δείνη

Καί σ'αν σωθ'ἡ ρετσίνα του
στό ἄδειοτου ποτήρι
τόν ταβερνιάρη βλασφιμῆ
τόν στέλνη στό σιχτήρη

Καί σάν ρουπόση στά καλά
στουπί εἰς τό μεθήση
ἔρχετε στήν μνήμη του
στό σπίτι νά γυρίση

μόνος του μωρολογῆ
τόν δρόμο του για-ν'αὕρη
τήν τύχη τ''αναθεματη
ψάχνωντας στό σκοτάδι

Στόν δρόμο νά παραμιλᾶ
καί τούς θεούς νά βρῆζη
καί κάπως στόν τειχο σάν κτιπᾶ
ζητή συγνώμη στήν σκια,
        καί νά παραμερίζη.

Στρκλῶντας εἰς τόν δρόμο του
ἀκούς νά μουρμουρίζη
σέ ἀπορία βρίσκετε
τήν ὥρα που χιονίζη

Καί σάν περνα ἀπ'τό στενό
που φέγγη τό φεγγάρι
ξεσπα εἰς τό μεράκι του
κ'ἀρχή νά τραγουδάη

Νάταν ἡ θάλασσα κρασί
δουλια γινῶτανε χρυσή
καί τά καράβια κουπες
χρυσός ὁ λόγος π'εἰπες

Τά βουνα χλωρό τυρί
οἱ καμποι ὅλοι πητες
στήν ταβέρνα του ψιρή
νά τρωμε χηλοπητες

Ὦ Θεέ τοῦ οἴνου μου
τῆς φίλης μου ρετσίνας
νά μή πεθάνης σύ ποτέ
κ'ἄς ψοφω της πείνας

Π.Ι.Ξ.
DALLAS TEX.

On The Poem

In The Greek:
EI PAPOUDES KE BARBADES

In The English:
THOSE GRANDFATHERS AND UNCLES

Commentary:

Greeks returning to their homeland for visits were somewhat disappointed by the ludicrous reception and the suspect expectations of those being visited to be indulged by the returnee with his perceived success in America.

It has to be conceded that some returning Greeks were their own worst enemy. One of the ill served mindsets of the Greek psyche is the portrayal of a façade that was not always an honest or accurate depiction. No Greek ever returned to Greece to declare he had not gone very far or was a failure, which led to the distortion of facts where any and every returning Greek had become very successful in America. If they were indeed successful to whatever degree, they committed the mistake of declaring such, reinforced by the displays of their relative success; clothes, jewelry, money. The braggadocio at times was probably overwhelming. This was especially obvious if they had returned to shop for a bride to take back to America.

This returning Greek syndrome became so pervasive when the first Greeks were returning to Greece in the nineteen twenties and thirties; the Greeks coined a derogatory phrase for these types. They were called "Brookli". The reference being that most of the original immigrants had rooted in New York where they all seemed to come from Brooklyn, it being the catch all reference of residence in the United States. Being called a "Brookli" was not the highest of compliments.

On the other hand, those being visited evolved a solicitation system of their own, wherein certain material or monetary expectations of the returnee were conveyed. Some was subtle, some was blatant, such as informing the returnee to bring a recorder, or nylons, or linens, or an appliance. Sometimes a girl in the family or a cousin, whose marriage possibility was diminishing, would suddenly become a stronger candidate with the expectation, not to be refused of course, that the "Brookli" returnee would sweeten the dowry pot. So, the "Brookli" and his detractors were mutually engaged in a symbiotic deceptive minuet they both deserved.

This poem is one of derision and sarcasm from the perspective of the returning expatriate who knows he is being set upon. The original version of this poem was probably written shortly after our father's first visit to Greece in 1961, after our mother died. The last time he had been to Greece was 1925-26, when he married our mother. It is safe to assume that after so many years of deep immersion in the American environment, going back to Greece after thirty-five years had to be a cultural shock of sorts. Our father surely realized that after that many years away he really was not like them anymore. Any Greek who returned for visits did not have to be unusually perceptive to realize he was being cleverly, or not so cleverly, manipulated.

Our father must have liked this poem for its clever content, outright sarcasm, and the feeling in his mind that he was declaring his awareness of what they all were up to. His poetic revenge. This way he could amusingly play their game. To this extent, his playing with this poem in its several revisions, finally must have culminated in the dated 1978 version; surely the final version. I think.

We have the ubiquitous P.J. Xeros and Sons onionskin letterhead again in Version 5.

Οἱ Παπούδες καί Μπαρμπάδες

Ὁ Παππούς καί ὁ Μπαρμπούλης

τῆς Ἀμερικῆς Γερούλης

στήν Ἑλλάδα θέ νά πάει

τούς δικούς του γιᾶ νά εἰδῆ

ποῦ πολύ τούς ἀγαπάει

Ἀδελφούς καί ἀδελφές

Ἀνεψιούς καί ανεψιές

Ὅλοι τῶρα τό μαθένουν

μέ χαρᾶ τόν περιμένουν

Κι'ὅλοι ἐξορμούν μέ φόρα

ν'ἀπολαύσουνε τά δῶρα

Ὅλοι ἀγάπη τοῦ προσφέρουν

μήπως καί τόν ~~κ~~ φέρουν *μεταψέρουν*

νά τόν κάνουνε δικότους

ἕως πιάσουν τόν σφιγμόν του

τοῦ προσφέρουν μαξιλάργα

προκειμένου γιᾶ δολλάρια

μέ τήν κούρσα τόύ γυρίζουν

ἀφθονία ἄ μυρίσουν

Ἄν προσφέρξι ὠρολόγια καί δολλάρια

Πέφτουν ὅλοι σᾶν λεωντάρια

Κ'ἄν τά δῶρα δέν ἀρκέσουν

ἕτοιμοι γιᾶ νά τόν δέσουν

Οἱ Παππούδες καί Μπαρμπᾶδες

Τί τραβούν οἱ φουκαρᾶδες..

Οἱ Πποῦδες καί Μπαρμπᾶδες

Ὁ Παπούλης καί μπαρμπούλς

τῆς ᾿Αμερικῆς γερούλης

στήν ῾Ελλάδα θε νά πάει

τούς δικούς του γιᾶ νά δεῖ

ποῦ πολύ τούς ἀγαπάει

Ἀδελφούς καί ἀδεφές

ἀνεψιούς καί ἀνεψιές

ὅλοι τῶρα τό μαθένουν

μέ χαρᾶ τόν περιμένουν

κ᾿ὅλοι ἐξορμοῦν μέ φόρα

ν᾿ἀπολαύσουνε τά δῶρα

ὅλοι ἀγάπη τοῦ προσφέρουν

μήπως καί τόν καταφέρουν

νά τόν κάνουνε δικότους

ᾷως πιάσουν τόν σφιγμόντου

τοῦ προσφέρουν μαξιλάρια

προκειμένου γιᾶ δολλάρια

Μέ τήν κούρσα τόν γυρίζουν

ἀφθονία ἄν μυρίσουν

Κ᾿ἄν προσφέρει ὡρολόγια καί δολλάρια

πέφτουν ὅλοι σάν λεωντάρια

τόν Παπούλη καί μπαρμπούλη

νά τόν φᾶνε οὕλοι

Κ᾿ἄν τά δῶρα δέν ἀρκέσουν
ἕτιμοι για νά τόν δέσουν

Οἱ παποῦδες καί Μπαρμπᾶδες
τί τραβοῦν οἱ φουκαραδες

THOSE GRANDFATHERS AND UNCLES   Version 2

91

----+--------

'Ο παπποῦς καί ὁ μπαρμπούλης
τῆς Ἀμερικῆς γερούλης
στήν Ἑλλάδα θέ νά πάῃ
τούς δικούς του γιά νά δῇ
πού πολύ τούς ἀγαπάει
Ἀδελφούς καί Ἀδελφές,
ἀνεψιούς καί ἀνεψιές
Ὅλη τώρα τό μαθαίνουν
μέ χαρά τόν περιμένουν
κι ὅλοι ἐξορμοῦν μέ φόρα
νά ἀπολαύσουν τά δῶρα.
Ὅλοι ἀγάπη τοῦ προσφέρουν
μήπως καί τόν καταφέρουν
νά τόν κάνουνε δικό τους
ἕως πιάσουν τόν ὑψιμό του
Ἄν προσφέρῃ ρολόγια καί δολλάρια
πέφτουν ὅλοι σάν λιοντάρια.
τόν **παπούλη** καί θειούλη
νά τόν φᾶνε ὅλοι.
τοῦ προσφέρουν μαξιλάρια
προκειμένου γιά δολλάρια.
μέ τήν κούρσα τόν γυρίζουν
ἀφθονία ἄν μυρίζουν
κι ἄν τά δῶρα δέν ἀρκέσουν
ἔτοιμοι γιά νά τόν δέσουν.
οἱ **παποῦδες** κι οἱ μπαρμπάδες
τί τραβοῦν οἱ φουκαράδες.

....

THOSE GRANDFATHERS AND UNCLES   Version 3   *92*

P. J. Xeros & Sons
GREEK IMPORTS
6116 Gaston Avenue   7808 LA CABEZA
DALLAS, TEXAS 75214   75240

Οἱ Παππούδες καί Μπαρμπᾶδες

Ὁ Παππούς καί ὁ Μπαρμπούλης

τῆς Ἀμερικῆς Γερούλης

στήν Ἑλλάδα θέ νά πάει

τούς δικούς του γιᾶ νά εἰδεῖ

ποῦ πολύ τάς ἀγαπάει

. Αδελφούς καί Ἀδελφές

. Ανεψιούς καί Ἀνεψιές

Ὅλοι τώρα τό μαθένουν

μέ χαρᾶ τόν περιμένουν

Κ' ὅλοι ἐξορμούν μέ φόρα

ν' ἀπολαύσουνε τά δῶρα

Ὅλοι ἀγάπη, τοῦ προσφρουν

μήπως καί τόν καταφέρουν

νά τόν κάνουνε δικότους

ἕως πιάσαυν τόν σφιγμόν του

τοῦ προσφρουν μαξιλάρια

προκειμένου γιᾶ δολλάρια

μέ τήν κούρσα τόν γυρίζουν

'αφθονία ἄν μηρίσουν

Ἄν προσφέρει ὡρολόγια καί δολλάρια

Πέφτουν ὅλοι σᾶν λοντάρια

Κ'ἄν τά δῶρα δέν ἐρκέσουν

ἔτοιμοι γιᾶ νά τόν δέσουν

Οἱ Παππούδες καί Μπαρμπᾶδες

τί τραβούν οἱ φουκαρᾶδες   Π. Ι. Ξ.

Version 4

THOSE GRANDFATHERS AND UNCLES

93

Οἱ Παππούδες κ' οἱ Μπαρμπᾶδες

Οἱ Παππούδες κ'οἱ μπαρμπᾶδες
    Ὁ παππούλης κ'ὁ μπαρμπούλης
    τῆς 'μερικῆς Γερούλης

    Στήν 'Ελλάδα θέ νά πάει
    τούς δικούς του γιά ν'εἰδεῖ
    πού πολύ τούς ἀγαπάει

    'αδελφούς κ'ἀαδελφές
    ἀνεψιούς κ'ἀνεψιές

    Ὅλοι τῶρα τό μαθέγουν
    μέ χαρά τόν περιμένουν

    Κ'ὅλοι ἐξορμούν μέ φόρα
    ν'ἀπολαύσουνε τά δῶρα

    Ὅλοι ἀγάπη τοῦ προσφέρουν
    μήπως καί τόν καταφπερουν

    νά τόν κάνουνε δικότους
    ἕως πιάσουν τόν σβιγμότου

    το ῦ προσφέρουχ μαξιλάρια
    προκειμένου γιά δολλάρια

    Μέ τήν κοάρσα τό γυρίζουν
    ἀφθονία ἄν μηρίσουν

    Κ'ἄν προσφέρει ὥρολόγια καί δυλλάρια
    πεύτουν ὅλοι ἄν λωντάρια

    Τόν Παππούλη καί μπαμπούλη
    νά τόν φανε οὕλοι

    Κ'ἄν τά δῶρα δέν ἀρκέσουν
    ἕτιμοι γιά νά τόν δέσουν

    Οἱ Παππούδες κ'οἱ μπαρμπῦδες
    τί τραβούν οἱ φουκαραδες

Π. Ι. Ξ.
DALLAS ΤEX. 8. 1978

THOSE GRANDFATHERS AND UNCLES   Version 5   *94*

ON THE POEM

In The Greek:
PROS MNIMI TIS SIZIGOU MOU

In The English:
TO MY WIFE'S MEMORY

Commentary:

The several versions of this poem reveal the preoccupation our father had with remembering our mother. He lived on many years after her death, so at least initially one can understand this fervor in almost canonizing a loved one's passing. Since marriages of many years are a montage of times, feelings, emotions, joys, disappointments, disputes, reconciliations, it is often suggested that survivors intensely experience an ambivalent remorse, warranted or not, that can be expressed by those fortunate enough to express these feelings in written prose or dialogue

Each version contains minor hints at revision, all being basically the same, as if by repetition there would be a fulfillment of a penance of sorts.

Version I is the original. Version 2 is marked in two places for redoing. Version 3 is the redone version of 2.with additional markings for change. Version 4 is the redo of 3. Versions 5 thru 7 appear to be re-typing of Version 4.

Πρός
Μνύμην τῆς συζήγου μου..

"Οταν καί γώ μεγάλοσα
καί ἦλθα σέ 'λικία,
μ'ἐλπιδες καί μέ ὄνειρα
ξεκύνισα νά βρω τήν εὐτυχία.

'Ωκεαγούς ἐπέρασα
κοιλαδες καί λαγκάδια
καμια μπροστά στά μάτιαμου
δέν μου ἔδωσε τήν ἄδεια.

Καί μέ στήν ἀγωνία μου
καί στήν ἀπεπισία
ἐσύ 'Ελένη βρέθηκες
ἐμπρός μου σάν 'Αγία.

Μέ δέχθηκες στήν ἀγγαλιά
μέ ὅλην τήν προθυμία
μούδωσες θάρρος καί καρδιά
σέ ὅλα τά σημεια

Μούδωσες παριγορργιά
σάν ἄγγελος του πλάσμου
μούδωσες νέα ζωή ἐμέ
ἐμέ του μετανάστου.

Ἐξιάχθης στόν ἀγώνα μου
καί στήν ταλαιπορία
σάν φάρος στόν ὠκεανό
ἐστάθης μέ ἀνδρέα.

'Επάλεψες ἀτρόμητα
σάν ἄλλη Μπουμπουλίνα,
τούς πόνους μ'ἀνακούφυζες
σέ καθε τρικυμία.

Φιλόστοργος Μητέρα στάθικες
εἰς τόν προορισμόσου,
τά μάτια μου δακρύζουνε
μπροστά στό προσοπόσου.

Σέ σένα ὄφειλα πολλά
που σέχα κρυφό καμάρη
χωρίς καμιά ἐξέρεση,
ὁ χάρος ἀπεφάσισε,μακριά μοα
                    νά σέ πάρη.

Νά μου πληγόση τήν καρδιά
γιά πάντα στή ζωή μου
νά μή χαρή πλέον ποτέ
ἡ ἄμοιρη ψυχή μου.

'Η μοίρα μέ ἐδίκασε ἐμέ
ἐμέ τόν Παναγιωτη
νά μου πικράνη τήν καρδιά
ὁ θάνατος,νά πάρη,σένα πρώτη.

Πωτές μου δέν ἐπίστευα
πως ἔτσι θά σέ χάσω,
νά ἡσυχάσω δέν μπορω
οὔτε νά σε ξεχάσω.

Πολλά μοῦ ἄφισες κενά
ἴσως γιά τιμωρία,
συγχορεσέμε τόν ἀμαρτολό
'Ελέγη μου 'Αγία,
τόν 'Υψιστον παρακαλό
ἡ μνάμη σου,νά εἶναι,Α ἰ ω ν ί α.

Πρός
Μνύμην τῆς συζήγου μου..

Ὅταν καί γώ μεγάλοσα
καί ἥδθα σέ 'λικία,
μ'ἐλπίδες καί μέ ὄνειρα
ξεκύνισα νά βρω τήν εὐτυχία.

Ὠκεαγούς ἐπέρασα
κοιλᾶδες καί λαγκάδια
καμια μπροστά στά μάτιαμου
δέν μου ἔδωσε τήν ἄδεια.

Καί μέ,στήν ἀγωγία μου
καί στήν ἀπελπισία
ἐσύ Ἑλένη βρεθηκες
ἐμπρός μου σάν Ἁγία.

Μέ δέχθηκες στήν ἀγγαλιᾶ
μέ ὅλην τήν προθυμία
μούδωσες θάρρος καί καρδιᾶ
σέ ὅλα τά σημεῖα

Μούδωσες παριγοργιᾶ
σάν ἄγγελος του πλάστου
μούδωσες νέα ζωή
ἐμέ του μετανάστου.

Ἐξτάχθης στόν ἀγῶνα μου
καί στην ταλαιπορία
σάν φάρος στόν ὠκεανό
ἐστάθης μέ ἀὺῤῥᾶα.

Ἐπάλεψες ἀτρόμητα
σάν ἄλλη Μπουμπουλίνα,
τούς πόνους μ'ἀνακούφυζες
σέ κάθε τρικυμία.

Φιλόστοργος Μητέρα στάθικες
εἰς τόν προορισμόσου,
τά μάτια μου δακρύζουνε
μπροστά στό προσοπόσου.

Σέ σένα ὀφειλα πολλά
που σέχα κριφό καμάρη
χωρίς καμιά ἐξέρεση,
ὁ χάρος ἀπεφάσισε,μακριά μου
νά σέ πάρη.

Νά μου πληγόση τήν καρδιά
γιά πάντα στή ζωή μου
νά μή χαρή πλέον ποτέ
ἡ ἄμοιρη ψυχή μου.

Ἡ μοῖρα μέ ἐδίκασε ἐμέ
ἐμέ τόν Παναγιωτη
νά μου πικράνη τήν καρδιά,
ὁ θάνατος,νά πάρη,σένα πρώτη.

Ποτές μου δέν ἐπίστευα
πως ἔτσι θά σέ χάσω,
νά ἡσυχάσω δέν μπορω
οὔτε νά σέ ξεχάσω.

Πολλά μοῦ ἄφισες κενά
ἴσως για τημωρία,
σσγχορεσέμε τόν ἁμαρτολό
Ἑλένη μου Ἁγία,
τόν Ὑψιστον παρακαλό
ἡ μνάμη σου,νά εἶναι,Α ἰ ω ν ί α.

Π.Ι.З.

Πρός

Μνήμην τῆς Συζύγου μου

"Οταν κι᾽γὼ μεγάλοοα κ᾽ἦλθα σέ ἡλικία
κ᾽ἦλθα σέ ἡλικία,
μέ ἐλπίδες καί μέ ὄνειρα
ξεκύνισα νά βρω τήν εὐτυχία.

Ὠκεανούς ἐπέρασα
κοιλάδες καί λαγκάδια,
καμια μπροστά στά μάτια μου
δέν μούδωσε τήν ἄδεια.

Καί μέ στήν ἀγωνία μου
καί στήν ἀπελπισία,
σύ 'λένη βρέθηκες
μπρός μου σάν Ἁγία.

Μέ δέχτηκες στήν ἀγκαλιά
μέ ὅλην τήν προθυμία,
μοδωσες θάρρος καί καρδιά
σέ ὅλα τά σημεῖα.

Μούδωσες παρηγοργιά
σάν Ἄγγελος του πλάστου,
μούδωσες νέα ζωή
μέ του μετανάστου.

...αχθης στόν ἀγώνα μου
καί στήν ταλαιπορία,
σάν φάρος στόν Ὠκεανό
ἐστάθης μ᾽ἀγωνία.

Ἐπάλεψες ἀτρόμητα
σάν ἄλλη Μπουμπουλίνα
τούς πόνους μ᾽ἀνακούφιζες
σέ κάθε τρικυμία.

Φιλόστοργος μητέρα, στάθηκες
εἰς τόν προορισμόν σου,
τά μάτια μου δακρίζουνε
μπροστά στό προσωπό σου.

Σέ σένα ὄφειλα πολλά
που σέχα κρυφό καμάρη,
χωρίς καμια ἐξέρεση,
ὁ χάρος ἀπεφάσισε, μακριά μου
νά σέ πάρη..

Νά μου πληγόση τήν καρδια
γιά πάντα στήν ζωή μου
νά μήν χαρή πλέον ποτέ
ἡ ἄμοιρη ψυχή μου.

Ἡ μοῖρα μέ ἐδίκασε
ἐμέ τόν Παναγιώτη,
νά μου πικράνη τήν καρδια,
ὁ θάνατος, νά πάρη σένα, πρώτη.

Ποτές μου δέν ἐπίστευα
πως ἔτσι θά σέ χάσω,
νά ἡσυχάσω δέν μπορω,
οὔτε νά σέ ξεχάσω.

Πολλά μου ἄφισες κενά
ἴσως γιά τιμωρία,
συγχορεσέμε τόν ἀμαρτολόν
Ἐλένη μου Ἁγία...
"Τόν Ὑψιστον παρακαλῶ,..
ἡ μνμυμη σου, νά εἶναι ....ΑΙΩΝΑ.

TO MY WIFE'S MEMORY   Version 3   98

115

Πρός

Μνήμην τῆς συζύγου μου

"Οταν κ' ἐγώ μεγάλοσα
καί ἦλθα σ'ἡλικία,
μ'ἐλπίδες καί μέ ὄνειρα
ξεχύνισα νά βρω τήν εὐτυχία,

'Ωκεανούς ἐπέρασα
κοιλάδες καί λαγκάδια,
καμια μπροστά στά μάτια μου
δέν μούδωσε τήν ἄδεια.

Καί μέ στήν ἀγωνία μου
καί στήν ἀπελπισία,
ἐσύ 'Ελένη βρέθυκες
ἐμπρός μου σάν 'Αγία.

Μέ δέχθηκες στήν ἀγκαλιά
μέ ὅλην τήν προθυμία,
μούδωσες θάρρος καί καρδιά
σέ ὅλα τά σημεια.

Μούδωσες παρηγοργιά
σάν ἄγγελος του πλάστου,
μούδωσες νέα ζωή
ἐμέ του μεταναστου.

'Ετάχθης στόν ἀγώνα μου
καί στήν ταλαιπορία,
σάν φαρος στόν 'Ωκεανό
ἐστάθης μ'ἀγωνία.

'Επάλεψες ἀτρόμητα
σάν ἄλλη Μπουμπουλίνα,
τούς πόνους μ'ἀνακούφιζες
σέ καθε τρικυμία.

Φιλόστοργος μητέρα, στάθηκες
στόν προορισμόν σου,
τά μάτια μου δακρίζουνε
μπροστά στό προσοπόσου.

Σέ σένα ὄφειλα πολλά
που σέχα κρυφό καμάρη,
χωρίς καμια ἐξάρεση
ὁ χάρος ἀπεφάσισε, μακριά μου
νά σέ πάρη.

Νά μου πληγώση τήν καρδιά
για πάντα στήν ζωή μου,
νά μήν χαρη, πλέον ποτέ
ἡ ἄμοιρη, ψυχή μου.

'Η μοίρα μέ ἐδίκασε
ἐμέ τόν Παναγιώτη,
νά μου πικράνη τήν καρδιά
ὁ θάνατος, νά πάρη σένα πρώτη.

Ποτές μου δέν ἐπίστευα
πως ἔτσι θα σέ χάσω,
νά ἡσυχάσω δέν μπορω
οὔτε νά σέ ξεχάσω.

Πολλά μου ἄφισες κενά
ἴσως για τημωρία,
συγχωρεσέ με τόν ἀμαρτολόν,
'Ελένη μου 'Αγία.....
Τόν "Υψιστον παρακαλω
ἡ μνύμη σου, νά εἰναι ΑΙΩΝΙΑ...

Πρός

Μνήμην τῆς συζύγου μου

"Οταν κ' ἐγὼ μεγάλοσα
καὶ ἦλθα σ' ἡλικία,
μ' ἐλπιδες καὶ μὲ ὄνειρα
ξεκύνισα νὰ βρω τὴν εὐτυχία,

'Ωκεανούς ἐπέρασα
κοιλάδες καὶ λαγκάδια,
καμια μπροστά στὰ μάτια μου
δέν μούδωσε τὴν ἄδεια.

Καὶ μέ στὴν ἀγωνία μου
καὶ στὴν ἀπελπισία,
ἐσύ 'Ελένη βρέθηκες
ἐμπρός μου σὰν 'Αγία.

Μέ δέχθηκες στὴν ἀγκαλιὰ
μέ ὅλην τὴν προθυμία,
μούδωσες θάρρος καὶ καρδιὰ
σέ ὅλα τὰ σημεῖα.

Μούδωσες παρηγοργιὰ
σὰν ἄγγελος τοῦ πλάστου,
μούδωσες νέα ζωή
ἐμέ τοῦ μετανάστου.

'Ετάχθης στὸν ἀγώνα μου
καὶ στὴν ταλαιπορία,
σὰν φαρος, στὸν 'Ωκεανό
ἐστάθης μ' ἀγωνία.

'Επάλεψες ἀτρόμητα
σὰν ἄλλη Μπουμπουλίνα,
τούς πόνους μ' ἀνακούφιζες
σέ κάθε τρικυμία.

Φιλόστοργος μητέρα, στάθηκες
στὸν πρεοριομόν σου,
τὰ μάτια μου δακρίζουνε
μπροστά στὸ προσοπόσου.

Σέ σέγα ὄφειλα πολλὰ
που σέχα κρυφό καμάρη,
χωρίς καμια ἐξέρεση
ὁ χάρος ἀπεφάσιοε, μακριὰ μου
                          νὰ σέ πάρη.

Νὰ μοῦ πληγώση τὴν καρδιὰ
για πάντα στὴν ζωή μου,
νὰ μὴν χαρη πλέον ποτέ
ἡ ἄμοιρη, ψυχή μου.

'Η μοίρα μέ ἐδίκασε
ἐμέ τὸν Παναγιώτη,
νὰ μου πικράνη τὴν καρδιὰ
ὁ θάνατος, νὰ πάρη σένα πρώτη.

Πρτές μου δέν ἐπίστευα
πως ἔτσι θα σέ χάσω,
νὰ ἡσυχάσω δέν μπορω
οὔτε νὰ σέ ξεχάσω.

Πολλὰ μου ἄφισες κενά
ἴσως για τημωρία,
συγχωρεσέ μέ τόν ἀμαρτολόν,
'Ελένη μου 'Αγία.....
Τόν "Ὑψιστον παρακαλω
ἡ μνύμη σου, νὰ εἶναι ΑΙΩΝΙΑ...

TO MY WIFE'S MEMORY   Version 5   100

117

Πρός

Μνήμην τῆς συζήγου μου

"Οταν κ'' εγῶ μεγάλοσα
κάι ἦλθα σ'ἡλικία
μ'ελπιδες καί μέ ὄνειρα
ξεκύνισα ν'εὕρω τήν εὐτυχία

'Ωκεαγούς ἐπέρασα
κοιλαδες καί λαγκάδια
καμια μπροστά στά μάτια μου
δέν μοῦ δωσε τήν ἔδεια

Καί μέ στήν ἀγωνία μου
καί στήν ἀπεπισία
ἐσύ 'Ελένη βρέθικες
ἐμπρός μου σάν 'Αγία

Μέ δέχθικες στήν ἀγκαλιᾶ
μέ ὅλην τήν προθυμία
μούδωσες θάρρος καί καρδιᾶ
σέ ὅλα τά σημεια

Μούδωσες παρηγοργιᾶ
σάν "Αγγελος του πλάστου
μούδωσες νέα ζωη εμε στο
ἐμέ του μετανάστου

'Ετάχθης στόν ἀγώνα μου
καί στήν ταλαιπορια
σάν φάρρος στόν ὠκεανό
ἐστάθης μ'ἀγωνία

'Επάλεψες ἀτρόμητα
σάν ἄλλη Μπομ μπουλίνα
τούς πόνους μ'ανακούφιζες
σέ καθε τρικυμία

Φιλόστοργος μητέρα στάθικες
εἰς τόν προ ορισμό σου
τά μάτια μου δακρίζουνε
μπροστά στό προσωπόσου

Σέ σένα ὄφειλα πολλά
που σέχα κρίφω καμάρι
χωρίς καμια ἐξέρεση
ὁ χαρός ἀπεφάσισε, μακρίαμου
             νά σέ πάρη.

Νά μοῦ πληγώση τήν καρδιά
για πάντα στήν ζωη μου
νά μή χαρή πλέον ποτέ
ἡ ἄμοιρη ψυχή μου

'Η μοίρα μέ ἐδίκασε
ἐμέ τόν Παναγιωτη
γά μου πικράνη τήν καρδιᾶ
ὁ χαρος, νά πάρη σένα, πρώτη

Ποτέμου δέν ἐπίστευα
πως ἔτσι θα σέ χάσω
νά ἡσυχασω δέν μπορω
οὔτε νά σέ ξεχάσω

Πολλά μοῦ ἄφισες κενά
ἴσως για τιμωρία
συγχορεσέμε τόν ἁμαρτολῶ
'Ελένη μου 'Αγία....
Τόν 'Υψιστο παρακαλω
ἡ μνήμη σου, νά είναι, ΑΙΩΝΙΑ

Πρός

Μνήμην τῆς συζήγου μου

"Οταν κ' ἐγῶ μεγάλοσα
καί ἦλθα σ'ἡλικία
μ'ελπιδες καί μέ ὄνειρα
ξεκύνισα ν'εὕρω τήν εὐτυχία

'Ωκεαγούς ἐπέρασα
κοιλᾶδες καί λαγκάδια
καμια μπροστά στά μάτια μου
δέν μοῦ δωσε τήν ἔδεια

Καί μέ στήν ἀγωνία μου
καί στήν ἀπεπισία
ἐσύ 'Ελένη βρέθικες
ἐμπρός μου σάν 'Αγία

Μέ δέχθικες στήν ἀγκαλιᾶ
μέ ὅλην τήν προθυμια
μοῦδωσες θάρρος καί καρδιᾶ
σέ ὅλα τά σημεια

Μοῦδωσες παρηγορyιᾶ
σάν "Αγγελος του πλάστου
μοῦ ωσες νέα ζωή ἐμέ του
ἐμέ του μετανάστου

'Ετάχθης στόν ἀγῶνα μου
καί στήν ταλαιπορία
σάν φάρρος στόν ὠκεανό
ἐστάθης μ'ἀγωνία

'Επάλεψες ἀτρόμητα
σάν ἄλλη Μπομ μπουλίνα
τούς πόνους μ'ανακούφιζες
σέ καθε τρικυμία

Φιλόστοργος μητέρα στάθικες
εἰς τόν προ ορισμό σου
τά μάτια μου δακρίζουνε
μπροστά στό προσωπόσου

Σέ σένα ὄφειλα πολλά
που σέχα κριφο καμάρι
χωρίς καμια ἐξέρεση
ὁ χαρός ἀπεφάσισε,μακρίαμου
                    νά σέ πάρη.

Νά μου πληγώση τήν καρδιά
γιά πάντα στήν ζωη μου
νά μή χαρή πλέον ποτέ
ἡ ἄμοιρη ψυχή μου

'Η μοίρα μέ ἐδίκασε
ἐμε τόν Παναγιωτη
νά μου πικράνη τήν καρδιά
ὁ χαρός,νά πάρη σένα,πρώτη

Πρτέμου δέν ἐπίστευα
πως ἔτσι θα σέ χάσω
νά ἡσυχασω δέν μπορω
οὔτε νά σέ ξεχάσω

          Πολλά μου ἄφισες κενά
          ἴσως γιά τιμωρία
          συγχορεσέμε τόν ἁμαρτολῶ
          'Ελένη μου 'Αγία....
          Τόν "Υψιστο παρακαλῶ
          ἡ μνήμη σου, νά εἶναι, ΑΙΩΝΙΑ

TO MY WIFE'S MEMORY   Version 7   102

ON THE POEM

In The Greek:
O KARNAVA'LOS

In The English:
THE CARNIVAL MAN

Commentary:

The Carnival Man poem alludes to the thought that we are mere "carnies" in the realities of our lives, for the pleasure and benefit of others or just a non-descript beings among many non-descript beings.

This poem is one of his more philosophical poems, almost one of resignation to one's fate, as he probably felt when the final version was done in 1978, eighteen years after our mother died, feeling he is no longer serving any real purpose. Not knowing he would live on yet another two years in his perceived role of carnival man.

In the versions, he went from four line stanzas to the final version where he simply broke up the four lines into two. The initial version is Version 1 of five stanzaz. Version 2 is only a carbon of Version 1. Version 3 is a six stanza version carbon of the original Version 1.

The last line in the final version reads-

> "Carnival Man…Carnival Man
> Who cares about your wretchedness anyway?"

Ὁ Καρνάβαλος

Ὁ Καρνάβαλος περνᾶ στῆς
σῆς πλατεῖες καί στενά
στήν Ἑλλάδα καρναβάλι
τῆς Ἀμερικῆς τό χάλι

Νά ντιθοῦμε γά γδιθοῦμε
μασκαράδες νά γίνουμε
ἀπαθεῖς μουνζουρομένοι
καί γυμνοί ξεστιθιασμένοι

Στῆς ταβέρνας τό κατώι
πίνωντας ρετσίνα ὅλοι
στό χορό ἀγκαλιασμένοι
σερνικοί καφ θυλικοί μπλεγμένοι

χορεύουνε τό τσάλεστο
κ'οἱ μικροί τό τσάμπυκο
νά χορεύουν τό τσα-τσα
τό κακό μή σταματα

Νά πιδᾶμε νά γελᾶμε
κ'ἂς μή ἔχουμε   νά φᾶμε
Καργαβάλι--Καρναβάλι
ποιόν τόν μέλι για τό χάλι

'Ο Καναβαλος

Ὁ Καναβαλος περγᾶ
στης πλατειες και στενα
στην Ελλαδα καρναβαλι
της Αμερικης το χαλι

Να ντιθουμε να γδιθουμε
μασκαραδες να γινουμε
απαθεις μουντζουρομενοι
και γυμνοι ξεστιθιαμενοι

στης ταβερνας το κατω
πινωντας ρετσινα ολοι
στο χορο ανκαλιασμενοι
σερνικοι και θυλικοι μπλεγμενοι

χορευουνε το τσαλεστο
κ'οι μικροι το τσαμπιχο
να χορευουν το τζυ-τζυ
το κακο μη σταματα

Να κιδαμε να γελαμε
κ'ας μη εχουμε κι νά φαμε
Καρναβαλι-- Καρναβαλι
ποιον τον μελι για το χαλι

Ο καρνάβαλος περνᾶ
στῆς πλατεῖες καί στενά
στήν Ἑλλάδα καρναβάλι
τῆς Ἀμερικῆς τό χάλι

Νά ντυθοῦμε, νά γλιτρώσουμε
μασκαράδες νά γινούμε
ἀκαθεις μουντζουρωμένοι
καί γυμνοί ξεστιθιασμένοι

Νά σθλιέξη καί λιγάκι
στά παιδιά τό " γαι τανάκι"
καί πηδῶντας καί γελῶντας
νά γεμίξη τό πουγκάκι

στῆς ταβέρνας τό κατώ ι
πίνοντας ρετσίνα ὄλοι
στό χορό ἀγχαλιασμένοι
σερνικοι καθ θηλικοι, μπλεγμένοι

Χορεύοουνε τό "τσάρλεστου"
κ'οι μικροί τό τσάμικο
νά χορεύουν τό " τσα-τσα
τό κακό μή σταματᾶ

Νά πηδᾶμε νά γελᾶμε
κ'ἀς σήν ἔχουμε νά ρᾶμε
Καρναβάλι--Καρναβάλι
ποιός τόν μέλι γιια τό χάλι

Ὁ Καρνάβαλος

Ὁ Καρνάβαλος πµργᾶ
στίς πλατείες καί στενᾶ

Στήν Ἑλλάδα καρναβάλι
στήν Ἀμερικη εἴν χάλι

Νᾶ ντηθαῦμε νά γδηθοῦμε
μασκαραδες νά γινουμε

ἀπαθεῖς μουνζουρομένοι
καί γυμνοί ξεσθιθιαμόνοι

Νά οὐρλιάζει κπί λιγάκι
στά παιδια τό γα ι τανάκι

καί πιδῶντας καί γελῶντας
νά γεμίει τό πουκάγκι

Στίς Ταβέρνας τό κατώει
πίνωντας ρετσίνα ὄλοι

Στό χορό ἀγκλιασμένοι
σερνιλοί καί θιλικοί μπλεγμένοι

Χορεύουντ τό τσάρλεστο
κ'ἄµικροί τό τσάμικο

νά χορεύουν τό Τσρτσᾶ
τό κακό μή σφαματα

Νᾶ πιδᾶµε νά γελᾶµε
κ'ἄς μήν ἔχουμε νά φαµε

Καρναβάλι -- Καρναβάλι
ποιός τόν μέλει για τό χάλι.

Π.Ι.Ξ,
DALLAS TEX. 8--1978

On The Poem

In The Greek:
STIN YI TIS IKOUMENIS

In The English:
THIS WORLD OF THE UNIVERSE

Commentary:

This poem was very likely written at the height of the cold war years between America and Russia. This reflects the often visited wonderment that in his lifetime (born in 1889) he had witnessed so many awesome things, especially technology and wars. All of those events paled before the real possibility of mutual nuclear annihilation. He dwelled on just how the world came to be created by cosmic events in one universe of many, to only disappear in a single cataclysmic event perpetrated by humans, to become a dead planet.

The first two stanzas read:

> O world and universe
> Now with your missiles
> What does your fate tell you
> And what it is that awaits you

> Democratic is the atom
> Of the first theory
> Bombs we now make
> For their ultimate cruelty

The last stanza reads:

> For the wretchedness you became
> O world and universe
> What is it your fate has written
> And what it is that awaits you

This Version 1 appears to be the only version of this poem.

Στήν Γῆ τῆς Οἰκουμένης

³Ὠ_Γῆ καί Οἰκουμένη
τώρα μέ τού πύραυλους
τί σου γράφ' ἡ μοίρα σου
καί τί σέ περιμένη

- - - - - -

Δημόκριτου τό ἄτομο
της πρώτης θεωρίας
βόμπες τώρα φκιάνουμε
για θυριωδίας

- - - - - -

Τοῦ Δέδαλου καί Ἴκαρου
του μύθου_Ἰκαρίας
πετούμε τώρα ἄφτεροι
σέ μέροι ἀχανίς

- - - - - -

Γιᾶ σύντομο περίπατο
οἱ ἀστροναυτες βγέγουν
της γης τόν γύρο κάγωντες
σέ μια στιγμή, καί πάκη κατεβένουν

- - - - - -

Ἀπό φόβο ὅλοι μας
μηλούμε για εἰρήνη
ἀγώγες ὅμως κάγουμε
ποιός πρωτος θα βρεθῆ μέ στήν Σελήνη

- - - - - -

Ὁ κόσμος ὅλος βρίσκετε
σέ ψυχηκή ὀδύνη_
βλέπωντας τήν Γη
Σόδομα, καί Γόμαρα νά γίνη

- - - - - -

Μιάν ἄθλια κατάσταση
βλέπουμε_στήν Ἀγγλία
νόμους τώρα φκιάσανε
για τήν ὁμοφιλία

- - - - - -

Στά χάλεια πού κατήντησες
Ὠ Γη_καί Θἰκουμένη
τί σου γραφ' ἡ μοίρα σου
καί τί σέ περιμένη

Π.Ι.Ξ.

On The Poem

In The Greek:
YIA TON FILO MOU HARRISI

In The English:
FOR MY FRIEND HARRISIS

Commentary:

This poem was probably written just before his friend Stephan Harrisis died in 1977. Our father died in 1980. Stephan Harrisis was one of that triumvirate of friends, the other being George Bernelis. They were contemporary immigrants from Greece, with similar interests and feelings about matters social, political, economic, ethical. Whenever they were together, they were a real act with their personal philosophies and opinions, suffering each other as the good friends that they were.

Stephan Harrisis was an accomplished furrier by profession, who had moved to Dallas with his family from New York City shortly afterworld War II, for the health sake of his daughter Eugenia.

As an immigrant Greek, Stephan Harrisis was originally from the city of Kastoria in the northern Epirus of Greece near the Albanian border. Kastoria is famous for its fur trade, hence the proliferation of furriers emigrating to America, namely to New York City. Then, and to large extent now, the fur trade in New York City has been dominated by Greeks, all from Kastoria of Epirus Greece.

Stephan Harrisis was an educated and well read person. Not your usual Greek immigrant of limited literacy, who came to America during the great migration from Europe and the Mediterranean. I will always remember his impeccable eloquent Greek, and his fervor in the art of dialogue and discussion on many subjects. He was a pragmatic true Greek for traditional dialogue, with a committed elegant opinion on many matters and situations. He especially loved the nuances of politics, national and international. A very principled fellow in a realistic world.

The essence of this poetic honorarium to a friend is humorous; with reference to their many mutual foibles and shortcomings only good friends are permitted to dwell upon, and would understand.

Stephan Harrisis had died in 1977 at eighty years of age.

Γιά τόν φίλον μου Χαρέσση

Διό λόγια θέ νά εἰπῶ
στόν φίλον μου Χαρίση
που δέν τόν βρίσκεις πουθενα
ούτε εἰς τό Παρίσι

Τούς λίγους τούτους στοίχους μου
καί ὅλον τον καιρόμου
στόν ἀγαπητόν ἀφιερω
φίλον Στεφανόν μου

Σᾶν Κοινοτάρχης ἀρχηγός κ'αὐτός
ἔριχνε τόν δίχτι
σάτρα πάτσα τ'ἄκαγε
καί μ'μπενε στή μύτη

Τήν ὥρα πού τόν γνώρισα
μέ ὅλην μου τήν φόρα
της Νέας Ὑόρκης γουναρᾶ
καί ποκαρα μέ ὅλα

Τοῦ Βίτση καί τοῦ Γράμου
πρωτο παληκάρι
της φυμησμένης Καστωργιᾶς
γέννημα καί καμάρι

Σᾶν φυμησμένος γουναράς
της Γούνες του νά φκιάνει
τά δέρματα της ἀλεπούς κομ
κομάτια νά τά κάνει

Στή μηχανή νά τά τριπᾶ
μ'ἀπάθεια, καί νά χαίρη
χωρίς νά τόν πογει
τό σκληρό του χέρι

Νά μεγαλόσουν τά πετσιᾶ
νομήζης ὅτι πέζει
καρφονωντας μέ τά καρφιά
ἐπάνω στό τραπέζη

Ξυλόνωντας καί ράβωντάς
τά βάζει στό μαγκάνι
καί προσπαθεῖ της γούνες του
ὅμορφες νά τίς κάνει

Γιᾶ τίς καλές πελάτισες
τά Υίνκς γά τούς προσφέρει
σέ κοματάκια κόβωντας
χωρίς νά ὑποφέρει

Νά κόβει τά τομάργια τους
στ'ἄθωα τά ἀρνάκια
χωρίς νά λυπηθεῖ ποτέ
τά κάνει κοματάκια

Τί τρομερό καί ἄπωνο
ὁ φίλος μου, δίμηος νά γίνει
κόβωντας τά δέρματα
χωρίς καμιά ὀδύνη

Γιᾶ τήν καλή φιλία του
τίς χύρες του εὔτουνες
θα του χαρίσω καί ἐγω
ράματα για τίς γούνες

Κ'εὔχομε εἰς τόν Θεό
στόν ἅγιο-Χαρλάμπη
ὁ Πέτρος στόν Παράφεισο
συχόριο νά του κάμει.

Π. Ι. Ξ.

TO MY FRIEND HARRISIS   Version 1

///

133

ON THE POEM

In The Greek:
YIA TON FILO MOU BOURNELIS

In The English:
FOR MY FRIEND BERNELIS

Commentary:

Like for his friend Stephan Harrisis, this poem was written by our father for the other person of their friendly threesome, George Bernelis. It was written before George Bernelis died in 1984, our father having died in 1980. George Bernelis, also being an immigrant from Greece, could easily relate to the common ground occupied by our father and Stephan Harrisis. They were a compatible but incongruous threesome.

George Bernelis had been a factory worker in Lowell, Massachusetts until after World War II, whereupon he moved to Dallas with his wife and three daughters to be with a brother, Chris Brunell, as a different spelling. Who was already living here for several years. The plan apparently was to maybe do something else with their lives in the restaurant business. The brothers spelled their names in the English differently for whatever reason, although their name in Greek was the same, Bournelis.

The brothers tried the coffee shop business for a while which did not work out, so they went their separate ways. George Bernelis opened another coffee shop on Ervay Street and Pacific, across the street from the main post office at that time. The coffee shop operation lasted quite a few years, where he took in his son-in-law, Nick Gotsis, who had married his eldest daughter Catherine. After the coffee shop ran its course with the termination of their lease, George, more or less went into retirement. Nick got into a bowling alley coffee operation in Garland, Texas, until his death years later.

George Bernelis was a faithful friend. He was of limited education from Greece. He learned to speak acceptable English. He had a great personality and a great sense of humor, even in adversity. Loved partying, Greek dancing in particular, at which he was very good. A very generous host with his hospitality in his home. A gregarious people person. His wife was a very gentle compatible companion, suffering his good time antics. She was one of those genuine, nice, gentle, compassionate persons. She preceded him in death. George lived on for many years after his wife died. He died from illnesses and complications associated with diabetes, which had previously caused the removal of one foot. The trauma of this amputation put him into a deep depression. When I visited him in his last days, it was indeed sad to see such subdued old man, all that remained of his joy de vivre in the former George Bernelis. The party man.

George Bernelis died on October 14, 1984; four years after our father died. He was the end of that awesome threesome of delightful friends. This poetic honorarium is a testimonial to three friends who had found each other's company an escape from the day's problems.

P.S.
Katy and I had become Godparents to the first born daughter of George's second daughter Callie. She had married a Cypriot immigrant college student named Eumenios Damianos, who went by Menios Damon. Our Godchild was named Anna.

Γιὰ τόν φίλον μου Μπουρνέλη

Γιὰ τόν φίλον μου Μπουρνέλη
π'ὅταν ἀρχήζη καί λαλή
εἶναι χαρά καί μέκη

Ὁ βδομηντάρης φίλος μου
μέλος της ἐφεδρείας
που_ἀνίκουμε πολοί
αὐτης της Ἐνωρίας

Τόν φίλον Γεωργο τόν παλιόν
που γνώριστ πρό χρόγων
ἀφιερόνω καί γι'αὐτόν
ὀλίγα λόγια μόνον

Σάν φίλον που τόν γνώρισα
γεμάτον καλοσύνη
κ'σάν σ'ἀγαπήση στά καλά
τό παντελώνητου σου δίνη

Νά σάν θυμόση κάποτε
τήν γνώμη δέν τ'ἀλάζης
καπριτσάρης γίνετε
καί δέν τόν μεταβάλης

Τόν γνώρισα χορευταρά
καί γλενζή, της πρώτης
καί σάν στό κέφη θε νά μπη
της Κυθάρας τήν φωνή,
ὄχ, ἀλιμονότης

Του κλαρίνου ἡ λαλιά
σέ μέθη τόν ὀργιάζη
κ'ἡ μέση του ἀς τόν πονή
κάτου δέν τό βάζη

Νά τραγουδη τήν Γεώργηαα
τό γνωστό τραγούδη
νά μή μπορή νά βαστιχθη
τήν Ὥρα που τό σούρνη

Τήν ~~Γκόλφω δέν τήν λιρμούη~~
εἰς τόν Χελμώ ἐπάνο
ὅλο μεράκι γίνετε
χωρίς νά κάτσι χάμω

Στήν Ὀλυμπία ξακουστός
του Κούμανη καμάρη
κ'ἔτσι ἡ κυρά Γεώργενα
της μπηκε νά τόν παρη

Στήν περιφέρια του γνωστός
καί στό χοργιό, "" Ἀνδρώνη
που σάν τολμίσης καί διαβης
Θεός νά σέ γλυτωνη